WANDERN & ERLEBEN

IRLAND

Bernhard Irlinger

☐ **Bruckmann**

ZEICHENERKLÄRUNG ZU DEN TOURENKARTEN

A4 9	Autobahn			Aussicht
40	Hauptstraße			Einkehr/Hütte
	Landstraße			Kirche/Kloster
	Nebenstraße			Turm
	Fahrweg			Museum
- - - -	Fußpfad			Prähistorische Fundstelle
	Bahnlinie mit Bahnhof			Denkmal
A ► E	Tourenführung mit Anfangs- und Endpunkt			Höhle/Grotte
- - - -	Tourenvariante			Schloß/Burg/Ruine
	Fernwanderweg			Camping
Dingle	Sehenswerter Ort/Stadt			Felsen
▲	Gipfel			Markanter Baum
	Pass			Sehenswert
	Quelle - Wasserfall			Landschaftlicher Höhepunkt
P	Parkmöglichkeit		Ⓗ	Busverbindung/ Haltestelle

WANDERN & ERLEBEN

VIER HAUPTKAPITEL
Einführung
Kurze Einstimmung auf das Reiseziel.

Die schönsten Wanderungen
30 Tourenvorschläge mit Kartenskizzen, Infokästen und Tips.

Sehenswürdigkeiten von A bis Z
Die Highlights der Insel.

Reise-Informationen von A bis Z
Aktuelle Infos für die Urlaubsplanung und das Zurechtfinden vor Ort.

PIKTOGRAMME ERLEICHTERN DEN ÜBERBLICK:

Schwierigkeitsgrad:

○ leicht

◐ mittel

● anspruchsvoll

 Weglänge

 Gehzeit

 Höhenunterschied

 kindgerecht

BRUCKMANNS »SCHNELLSUCHE«

Farben helfen Finden
Bunt hervorgehobene Stichwörter verweisen auf das jeweilige Kapitel:

grün = Die schönsten Wanderungen
blau = Sehenswürdigkeiten von A bis Z
orange = Reise-Informationen von A bis Z

BUCH & FALTKARTE

Koordinaten zur Orientierung
Zur raschen Lokalisierung aller Sehenswürdigkeiten und Wandervorschläge auf der beigegebenen Reisekarte sind im Buch die entsprechenden Koordinaten des Kartenrasters jeweils angegeben:
Beispiel: Karte: B 4/5

Wanderung 8 Seite 85

In der Faltkarte wird bei der Tour auf die Seitenzahl im Buch verwiesen.

INHALT

Zeichenerklärung zu den Tourenkarten 2
Hinweise zur Benutzung 3

Einführung 8

Berge, Klippen und Stimmungen 10 • Vom Werden und Vergehen 11 • Rhododendron und Robben 12 • Im Land des Regenbogens 13 • Geschichte 14 • Die Iren 18 • Der keltische Tiger 19

Die schönsten Wanderungen 20

1 Vom Lough Tay auf den Djouce Mountain ☺○ 22
Auf dem Wicklow Way zum Aussichtsgipfel

2 In den Bergen bei Glendalough ☺○ 24
Über dem Kloster des heiligen Kevin

3 Auf den Lugnaquillia Mountain ● 26
Auf den höchsten Berg im Osten Irlands

4 In den Comeragh Mountains ◐ 30
Rund um den Mahon-Wasserfall

5 Auf den Galtymore Mountain ☺○ 32
Grenzenlose Aussicht im Süden Irlands

WANDERN & ERLEBEN

6 **Rund um den Barley Lake** ◐ 34
Am schönsten Bergsee auf der Beara-Halbinsel

7 **Auf den Hungry Hill** ● 36
Der unnahbare Felsriese

8 **Auf dem Beara-Way über Dursey Island** ☺○ 38
Mit der Seilbahn zur einsamen Insel

9 **Auf den Mangerton Mountain** ☺○ 40
Zum „Punchglas des Teufels"

10 **Auf den Carrauntoohil** ● 42
Über die Teufelsleiter auf den höchsten Berg Irlands

11 **Rund um den Coomasaharn Lake** ◐ 44
Wildes Bergland über dem „Ring of Kerry"

12 **Über den Pilgerweg auf den Knocknadobar** ☺○ 46
Kreuzwegstationen zum Aussichtsgipfel

13 **Der Caherconree** ☺○ 48
Zum sagenumwobenen Steinfort

14 **Auf den Brandon Mountain** ● 50
Der Berg des heiligen Brandon

15 **Der Mount Eagle** ☺○ 54
Aussichtswarte über dem Slea Head

16	**An den Cliffs of Moher** Der Weg am Abgrund	☺ ○	56
17	**Durch die Burren** Im irischen Karstland	☺ ○	60
18	**Inishmore, die größte Aran-Insel** Zum prähistorischen Fort Dun Aengus	☺ ○	64
19	**Der Binn idir an Dá Log** Auf den höchsten Berg der Maumturk Mountains	◐	68
20	**Auf den Derryclare** Die Quarzitberge der Twelve Bens	◐	70
21	**Der Killary Harbour** Am einzigen Fjord Irlands	☺ ○	72
22	**Von Murrisk auf den Croagh Patrick** Der heilige Berg der Iren	☺ ◐	74
23	**Zum Knockmore auf Clare Island** Die Insel der Piratenkönigin Grace O'Malley	☺ ○	76

WANDERN & ERLEBEN

24 Auf den Croaghaun ◐ 78
Atemberaubende Klippen auf Achill Island

25 Von Portacloy zum Benwee Head ☺○ 80
Einsame Steilküste in Nord-Mayo

26 Auf den Benbulbin ◐ 82
Über den markanten Tafelberg

27 Von Bunglass auf die Slieve League ● 84
600 Meter über dem Atlantik

28 Von Glencolumbkille nach Port ☺○ 86
Klippenwanderung zum verlassenen Hafen

29 Mount Errigal ◐ 88
Der „Fudschijama Irlands"

30 Im Glenveagh-Nationalpark ◐ 90
Raues Bergland über dem Lough Beagh

Sehenswürdigkeiten von A bis Z   92

Von Achill Island bis Westport

Reise-Informationen von A bis Z   146

Von Angeln bis Zeitschrift für Irlandfreunde

Anhang   166

Ortsregister 166 • Bildnachweis 168 • Impressum 168

EINFÜHRUNG

IRLAND, DIE GRÜNE INSEL

BERGE, KLIPPEN, STIMMUNGEN

Vorhergehende Doppelseite: Vor etwa 4500 Jahren errichteten Steinzeitmenschen auf den Höhen der Burren den Poulabrone-Dolmen.

Weit in den Atlantik vorgeschoben liegt im Nordwesten des europäischen Kontinents Irland. Die „Grüne Insel" wird wohl nie ein Ziel für den Massentourismus werden, der auf der Suche nach ewigem Sonnenschein südlichere Gefilde bevorzugt. Doch gerade das irische Wetter ist für den ein Schauspiel, der unmittelbares Naturerleben sucht. Plötzlich kann sich der Himmel verdunkeln und ein seidenweich-warmer Schauer über der Landschaft niedergehen. Dichter Nebel umhüllt die Berggipfel, und Weltuntergangsstimmung kommt auf. Doch ebenso schnell, wie die Wolken gekommen sind, werden sie vom ständig wehenden Atlantikwind wieder vertrieben. In der makellos klaren Luft wölbt sich ein Regenbogen, und das sonnengefleckte Land verändert von Sekunde zu Sekunde sein Aussehen. Nicht zuletzt dieses Spiel der Stimmungen und Farben ist es, das die „Grüne Insel" zum Erlebnis werden lässt.

> **Tipp**
>
> **Wander-Knigge**
>
> Die irischen Berge darf man trotz ihrer geringen Höhe auf keinen Fall unterschätzen, denn im weglosen und unmarkierten Gelände hat man sich schnell verlaufen. Zu Touren sollte man nicht alleine aufbrechen, denn nur ganz selten trifft man auf andere Wanderer, die im Notfall Hilfe holen könnten. Durchquert man eines der vielen Tore, sollte es anschließend selbstverständlich wieder gut verschlossen werden. Wegen der vielen freilaufenden Schafe wird es von keinem irischen Bauern gern gesehen, wenn auf die Tour ein Hund mitgenommen wird.

An der wilden Westküste Irlands versinkt die Sonne im Atlantik.

Wer sich die Mühe macht, die Insel zu Fuß zu erkunden, der wird in Irland eine landschaftliche Vielfalt entdecken, wie sie nur

wenige Regionen in Europa zu bieten haben. Vom Steinmauernpuzzle der grünen Weiden steigt man hinauf in die Flanken der braunen, moorüberzogenen Berge. Über abweisende Felsflanken rauschen Wasserfälle, und in den unzähligen Bergseen spiegelt sich der Himmel. Der Blick geht hinab auf den grünen Teppich der Weiden und hinaus auf die blaue Unendlichkeit des Meeres. An der ausgefransten Küste wandert man auf grünen Wegen an stillen Buchten entlang, lässt sich auf schwindelerregenden Klippen vom Wind schütteln und riecht auf den vorgelagerten Inseln den Duft des Atlantik. Und immer wieder erzählen verlassene Dörfer, Klosterruinen und mystische Steinmonumente aus der stets lebendigen Geschichte Irlands.

Vom Werden und Vergehen

Irland ist der am weitesten im Westen gelegene Vorposten Europas. 480 Kilometer sind es vom nördlichsten Punkt der Insel bis zur Südküste, und 275 Kilometer beträgt die größte Entfernung zwischen der West- und Ostküste. Dank der zerfransten Küste ist kein Ort auf der Insel weiter als 100 Kilometer vom Meer entfernt. Die Form der Insel wird oftmals mit der einer riesigen Schüssel verglichen. Im Zentrum liegen ausgedehnte Ebenen. Ihre Ränder sind dagegen fast durchgehend von Gebirgsstöcken besetzt.

Wilde und einsame Küsten locken in Irland immer wieder zu außergewöhnlichen Touren.

Vor 300 bis 600 Millionen Jahren entstanden die Gesteine, die die irische Insel aufbauen. Mehrere Gebirgsbildungsphasen türmten sie zu Bergen auf, doch immer wieder hatte die Erosion Jahrmillionen Zeit, die Gipfel und Kämme abzunagen. Sie wurden immer niedriger und zu runden, ausdruckslosen Kuppen abgeschliffen.

In den letzten zwei Millionen Jahren trat – zum Glück für den Wanderer – eine deutliche Veränderung im Erscheinungsbild Irlands ein. Die Eiszeit schuf aus der eintönigen Landschaft das heutige abwechslungsreiche Bild. Nahezu die gesamte Insel war von einem mächtigen Eisschild bedeckt, aus dem nur die höheren Bergketten ragten. In dieser Zeit entstanden die vielen kleinen Karseen, die den Anblick der kargen irischen Bergwelt so sehr beleben. Die Spitzen und Grate der Berge wurden zugeschliffen und die Täler zu den breiten irischen Glens ausgehobelt. Im Tiefland wurden niedrige Hügel und Schotterkämme abgelagert und die Becken der unzähligen Seen ausgeschürft.

Mit dem Ende der letzten Eiszeit vor ca. 12 000 Jahren stieg der Meeresspiegel um dutzende von Metern an. An harmlose Hügelketten schlugen nun die Wellen des Atlantik und schufen auf diese Weise die dramatischen Klippenszenerien der irischen Küste.

> **Special**
>
> **Restaurants in Irland**
>
> Eine typisch irische Esskultur konnte sich durch die Not der vergangenen Jahrhunderte nicht entwickeln. Doch nach und nach wandelt sich Irland von einer durch die englische Küche beeinflussten Feinschmecker-Diaspora zu einem Land, das auch dem Gourmet etwas zu bieten hat. Vor allem Fisch und Meeresfrüchte, die fangfrisch verarbeitet werden, bieten eine willkommene Alternative zur traditionellen Küche. Allerdings ist in Irland ein Restaurantbesuch kein allzu preiswertes Vergnügen.

Rhododendron und Robben

Eine Robbe tummelt sich in einer einsamen Bucht an der irischen Westküste.

Irland ist eines der waldärmsten Länder in ganz Europa. Schon seit der Steinzeit wurden die Bäume abgeholzt, und so sind heute nur noch drei Prozent der Insel von Wald bedeckt. An windgeschützten Stellen wuchert heute dank des Golfstroms eine nahezu tropische Vegetation. Haine mit Palmen, Fuchsien, Bambus, Rhododendron und anderen suptropischen Pflanzen ergeben dort einen eigenartigen Kontrast zu den kahlen Bergen im Hintergrund. Leuchtendrote Fuchsienhecken und blühende Rhododendren täuschen aber darüber hinweg, dass diese nicht heimischen Pflanzen teilweise die natürliche Vegetation zu ersticken drohen.

Für den Pflanzenfreund beeindruckend sind vor allem die Sümpfe mit ihrer seltenen Moorvegetation und das dazu in seltsamem Gegensatz stehende Karstgebiet der → **Burren**, in dem alpine und mediterane Vegetation aufeinandertreffen.

Der heilige Patrick hat der Sage nach alle Schlangen von der Insel verbannt. Auch sonst gibt es kaum Reptilien. Rotwild und Wildschweine finden sich fast nur noch in Parks. Dennoch hat Irland jedem Tierliebhaber etwas zu bieten. Vor allem das reiche Leben am und im Wasser lädt zu schönen Beobachtungen ein. In den klaren Flüssen lässt sich während der Laichzeit der Zug der Lachse betrachten, und schillernde Eisvögel tauchen nach ihrer Beute. 350 verschiedene Vogelarten wurden in Irland schon gezählt. Besonders beeindruckend sind die großen Vogelkolonien in den steilen Meeresklippen. Die Flug- und Tauchkünste von Kormoranen, Papageitauchern, Sturmvögeln und vielen anderen Arten kann man ohne Probleme verfolgen.

An einsamen Küsten genießen Robben die Strahlen der Sonne. In manchen Buchten durchschneiden die Rückenflossen der für den Menschen ungefährlichen Blauhaie die Wasserfläche. Mit etwas Glück begleiten auf einer Überfahrt zu einer vorgelagerten Insel verspielte Delphine das Schiff oder der breite Rücken eines Wales taucht neben dem Boot auf.

Im Land des Regenbogens

Das irische Klima ist geprägt durch die Lage der Insel am westlichen Rand des europäischen Kontinents. Über den Weiten des Atlantik sammelt sich verdunstetes Wasser in mächtigen Wolken. Der stetige Westwind treibt sie gegen die irischen Berge, an denen sie sich kräftig abregnen können. Dank des Windes werden die Wolken aber meist ebenso schnell vertrieben, wie sie gekommen sind. Die niederschlagreichsten Gebiete sind die Bergregionen im Westen der Insel. Hier können über 2000 Millimeter Regen im Jahr fallen, nahezu dreimal soviel wie an der sonnenreichen Südostküste Irlands.

Im Herbst sorgt der rasche Wetterwechsel an der irischen Westküste für herrliche Stimmungen.

An der irischen Küste streicht der Golfstrom entlang, der warmes Wasser aus südlichen Regionen mit sich führt. Er sorgt für die ausgeglichenen Temperaturen während des ganzen Jahres. Selbst im Hochsommer übersteigt das Thermometer nur selten die 25-Grad-Marke. Dafür sind winterlicher Schnee und Frost ein in weiten Teilen Irlands fast unbekanntes Phänomen.

Juli und August sind die wärmsten Monate im Jahr. Allerdings sind jetzt die meisten Urlauber unterwegs, und es regnet häufiger als in der Vorsaison. Von April bis Juni macht die Grüne Insel ihrem Namen alle Ehre. Nur wenige Touristen teilen sich den Anblick des saftigen Frühjahrsgrüns. Mai und Juni sind die trockensten Monate. Der Herbst ist die Zeit der schönen Stimmungen. Der kräftige Wind treibt Wolken über das Land, und die tiefstehende Sonne malt immer wieder einen Regenbogen an den Himmel. Abraten muss man nur von den Wintermonaten. Die kühlfeuchte Witterung verhindert dann meist jegliche Aktivitäten unter freiem Himmel.

Das späte Hochkreuz von Dysert O'Dea ist mit großflächigen, ausdrucksstarken Figuren verziert.

Geschichte

Die Steinzeit: Ca. 6000 v. Chr. setzten jungsteinzeitliche Jäger und Sammler von Schottland nach Irland über. Ab 3000 v. Chr. gingen mehrere Einwanderungswellen über die Insel. Die neuen Bewohner waren sesshafte Bauern, die gewaltige Monumente errichteten. Die schönsten Beispiele der von einem großen Erdhügel bedeckten Kammer- und Galeriegräber kann man im Boyne-Valley nördlich von Dublin besichtigen. Von der Form her einfacher, jedoch deshalb keinesfalls weniger beeindruckend sind die wuchtigen Dolmengräber.

Die Bronzezeit: Um 2000 v. Chr. lösten Werkzeuge und Waffen aus Bronze die Steingeräte ab. Damals entwickelte sich in Europa ein ausgedehntes Handelsnetz; Irland wurde zu einem der wichtigsten Erz- und Goldlieferanten dieser Epoche. Für religiöse Zeremonien und wahrscheinlich sogar zur Beobachtung der Sternenbahnen errichteten die damaligen Einwohner aus mächtigen, hochkant gestellten Felsen große Steinkreise.

Die keltische Invasion: Circa 500 v. Chr. erschien in Irland ein vollkommen neuer Volksstamm, die Kelten. Die politische Macht lag in den Händen von Königen, Fürsten und Clanführern, geistig-religiöse Führer waren die Druiden. Da die Kelten keine Schrift hatten, nahmen die Barden als lebende Geschichts- und Märchenbücher eine wichtige Stellung in der damaligen Gesellschaft ein. Das in einigen Teilen Irlands noch heute gesprochene Gälisch geht als eines der letzten Überbleibsel der keltischen Sprachfamilie auf diese Zeit zurück. Von geschickten irischen Handwerkern gefertigte Schmuckstücke und Waffen wurden nach ganz Europa exportiert.

> **Die irischen Reise-Top-Ten**
> - Dublin mit seiner lebhaften Kultur-, Musik- und Pubszene.
> - Das Tal und das Kloster von Glendalough in den Wicklow Mountains (Tour 2).
> - Die Seen und Berge rund um Killarney (Tour 9, 10).
> - Das frühchristliche Kloster auf den sturmgepeitschten Skellig-Inseln.
> - Die Dingle-Halbinsel mit ihrer einzigartigen Mischung aus Natur und Kultur (Tour 13, 14, 15).
> - Der 200 Meter hohe Klippenwall der Cliffs of Moher (Tour 16).
> - Inishmore, die größte der Aran-Inseln, mit dem vorgeschichtlichen Fort Dun Aengus (Tour 18)
> - Connemara mit seinen einsamen Bergen und Seen und der herrlichen Küstenlinie (Tour 19, 20, 21).
> - Das menschenleere Nord-Mayo für Einsamkeitsfanatiker und Liebhaber grandioser Klippenlandschaften (Tour 25).
> - Die Grafschaft Donegal mit ihren herrlichen Bergen, Seen, Stränden und Klippen (Tour 27, 28, 29, 30).

Bei Gefahr flüchteten sich die Kelten in die stark befestigten Hügel-Forts, von denen aus die Kleinkönige ihre Gebiete regierten. Einzelne Familienclans errichteten Steinforts oder in Seen künstliche Inseln, sogenannte Crannogs. Im 4. Jahrhundert entwickelte sich eine einfache Schrift, die den Runen verwandte Ogamschrift. Ihre Zeichen wurden in die Kanten aufrecht stehender Steine eingeritzt.

Die frühchristliche Zeit: Schon im 4. und 5. Jahrhundert nahmen die Iren als erstes Volk außerhalb des römischen Machtbereiches den christlichen Glauben an (historische Fakten vage und rar). Schon bald war Irland mit einem dichten Netz von Klostersiedlungen überzogen. Von Irland aus wurden weite Teile West- und Mitteleuropas christianisiert. Kirchen, Hochkreuze und Rundtürme zeugen noch heute vom Glanz der damaligen Klosteranla-

Kaum ein Auto begegnet dem Wanderer im einsamen Donegal.

gen. Wundervoll ausgeschmückte Handschriften beeinflussten die Buchmalkunst im übrigen Europa.

Die Wikinger: Um 800 begannen die Einfälle der Wikinger. Die Wikinger errichteten an der Küste Stützpunkte, aus denen später die großen irischen Städte wie → **Dublin**, Cork und Limerick entstanden. 1014 gelang es irischen Truppen unter dem Hochkönig Brian Born, in der Schlacht am Clontraf die Wikinger vernichtend zu schlagen.

Die Herrschaft der Anglo-Normannen: 1155 sprach Hadrian IV., der einzige Engländer auf dem Stuhl des Papstes, dem englischen König Heinrich II. Irland zu. Die Anglo-Normannen eroberten nach und nach große Teile Irlands und lösten die keltische Führungsschicht ab. Sie errichteten mächtige Turmhäuser und Burgen, in deren Schutz Städte entstanden. Neue Klöster wurden von festländischen Orden wie Zisterziensern und Augustinern gegründet.

Doch den Normannen ging nach und nach die Bindung zum englischen Mutterland verloren. Es entwickelte sich eine irisch-normannische Oberschicht, die sich in den folgenden Jahrhunderten den Machtansprüchen der Engländer entgegenstellte.

Der Kampf gegen England: Zu Beginn des 16. Jahrhunderts wuchs das Interesse der englischen Krone an Irland beträchtlich. Die Entdeckung Amerikas und die Konfrontation mit Spanien rückte Irland von seiner Randlage in eine strategisch wichtige Position. Englische Siedler wurden ins Land geholt, unter denen ein Großteil der fruchtbaren Böden Irlands aufgeteilt wurde. Eine Serie von Aufständen endete 1601 mit der Niederlage der Iren in der Schlacht bei Kinsale. 1641 erhoben sich die Iren ein weiteres Mal gegen die Engländer, doch 1649 machte Oliver Cromwell diesem Aufstand ein schreckliches Ende.

Neue Hoffnung keimte bei den Iren, als der katholische König Jakob II. den englischen Thron bestieg. Doch er wurde 1689 vom Protestanten Wilhelm von Oranien gestürzt. Am 12. Juli 1690 schlugen die protestantischen Truppen Jakob II. am Boyne River vernichtend. Die Protestanten Nordirlands feiern noch heute diesen Tag.

Neue diskriminierende Gesetze traten in Kraft. Die katholische Kirche wurde endgültig verboten, Katholiken durften nicht wählen, keine Berufe erlernen, ja nicht einmal mehr ein Pferd besitzen. Im Laufe des 18. und zu Beginn des 19. Jahrhunderts erlangten die katholischen Iren zwar nach und nach wieder ihre Rechte, doch die Armut der einfachen Bevölkerung blieb. Im Gegensatz dazu stand der Reichtum der englischen Grundherren, der in prächtigen Herrenhäusern seinen Ausdruck fand.

Die Jahre des Hungers: In den Jahren zwischen 1845 und 1850 vernichtete die Kartoffelpest die Ernte dieses irischen Grundnahrungsmittels fast vollständig. Die Folge war die größte Hungerkatastrophe in der Geschichte der Insel. Rund eine Million Menschen starben, und ein nicht abreißender Strom von Auswanderern verließ in den folgenden Jahren unter erbärmlichen Bedingungen die irische Heimat.

Der Weg in die Unabhängigkeit: Die Jahre nach der großen Hungerkatastrophe waren von politischer Enthaltsamkeit der Iren geprägt. Erst Ende des 19. Jahrhunderts wurden von den Iren erste soziale Zugeständnisse erstritten, die politische Abhängigkeit von England blieb jedoch unverändert. 1916 kam es in Dublin zum sogenannten Osteraufstand. Rebellen besetzten das Hauptpostamt und riefen die „Irische Republik" aus. Nach blutigen Straßenkämpfen mussten sich die weit unterlegenen Aufständischen den englischen Truppen ergeben. Von 1919 bis 1921 tobte der irische Unabhängigkeitskrieg, ehe am 23. Dezember 1921 der anglo-irische Vertrag unterzeichnet wurde. Irland blieb als Freistaat Mitglied im Commonwealth und

> **Special**
>
> **Pub-Knigge**
>
> Die beste Möglichkeit, mit Iren in Kontakt zu kommen, bietet sich in den unzähligen Pubs. Sein Bier muss man sich selbst am Tresen erkämpfen – Bedienung, aber auch Trinkgeld sind unüblich und gezahlt wird unmittelbar nach Erhalt des Getränks. Bestellt wird eine bestimmte Menge, üblicherweise ein Pint (0,57 Liter), und eine bestimmte Biermarke oder Biersorte. Will man ein traditionelles dunkles Stout, lautet die korrekte Bestellung „a pint of Guinness", im Südwesten Irlands ersatzweise auch „a pint of Murphy's oder Beamish". Als Alternative bieten sich ein helles „Lager", ein dunkles „Bitter" oder ein alkoholarmes „Ale" an.

Die Pubs übertreffen sich gegenseitig mit einfallsreichen und farbenfrohen Fassaden.

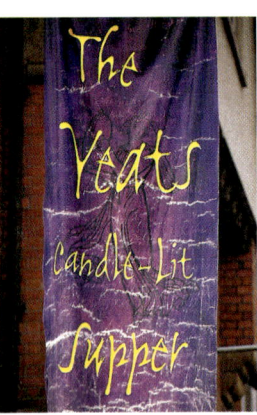

In der Region um Sligo trifft man immer wieder auf den Namen des berühmten Schriftstellers W. B. Yeats.

wurde in die beiden noch heute bestehenden Teile getrennt.

Eine Insel, zwei Nationen: Schon bald kam es zu heftigen Kämpfen zwischen Befürwortern und Gegnern des anglo-irischen Vertrages. Die Republikaner lehnten die Teilung Irlands und die weitere Mitgliedschaft im Commonwealth ab. Die Befürworter des Freistaates wollten das Erreichte nicht gefährden. 1922 und 1923 tobte der irische Bürgerkrieg, ehe sich die Freistaatler durchsetzen konnten.

Erst 1937 gab sich der Freistaat Irland eine eigene Verfassung. Irland erklärte sich darin für selbständig und neutral. Im Zweiten Weltkrieg wahrte Irland seine Neutralität, und 1949 trat es endgültig aus dem Commonwealth aus. Ab Mitte der fünfziger Jahre begann die IRA (Irish Republican Army) in Nordirland mit ihren bewaffneten Anschlägen auf englisch-protestantische Ziele. Die protestantische Seite antwortete mit Gegenterror, und so ist in den vergangenen Jahrzehnten das Bild Nordirlands von Gewalt geprägt.

Die Iren

3,5 Millionen Einwohner verteilen sich auf das Gebiet der Republik Irland. Das ergibt eine Bevölkerungsdichte von 50 Menschen pro Quadratkilometer. Vergleicht man diese Zahl mit der mitteleuropäischer Länder, erkennt man, wie dünn Irland besiedelt ist. Hinzu kommt, dass sich rund um die wenigen größeren Städte circa die Hälfte der Bevölkerung konzentriert. So ist die Einsamkeit zu erklären, der man auf dem Lande, vor allem im Westen Irlands, begegnet.

Die Iren sind ein aufgeschlossenes und freundliches Volk. Fremden wird gerne geholfen, und schnell ist man in ein Gespräch mit einem Einheimischen verstrickt. Fasziniert wird man dann entdecken, wie sehr sich doch die keltische Mentalität bei den Iren erhalten hat. Man begegnet nicht kühlen Nordländern, sondern einer eigenwilligen Mischung aus manchmal nordischer Schwermütigkeit und vor allem beredter und lebensfroher, mediterran wirkender Gelassenheit.

Zwei Amtssprachen gibt es in Irland. Englisch wird von allen Iren gesprochen; in einigen Sprachinseln, sogenannten Gaeltacht-Ge-

bieten, blieb das alte Gälisch erhalten. Nur noch für rund fünfzigtausend Iren ist Gälisch heute die Muttersprache.
Bei der Sprachverliebtheit der Iren ist es nicht verwunderlich, dass der bedeutendste Beitrag Irlands zur Kunst der letzten Jahrhunderte in der Literatur besteht. Es würde zu weit führen, alle bedeutenden Literaten Irlands aufzuzählen. Stellvertretend seien deshalb nur die drei Nobelpreisträger William Butler Yeats, George Bernard Shaw und Samuel Beckett erwähnt, die neben vielen anderen irischen Schriftstellern einen starken Einfluss auf die Entwicklung der Literatur ausübten.

Der keltische Tiger

Seit 1937, als die Verfassung der Republik Irland in Kraft trat, ist das Land eine parlamentarisch-demokratische Republik. Die politische Macht liegt beim Parlament und dem von ihm vorgeschlagenen Premierminister. Verwaltungsmäßig ist die Republik in 26 Grafschaften, die sogenannten Counties, unterteilt. Als übergeordnete Verwaltungseinheiten fungieren die vier Provinzen Leinster, Munster, Connaught und Ulster, deren Umfang auf die Grenzen der alten keltischen Königreiche zurückgeht.
Wirtschaftlich gehörte die Republik Irland lange Zeit zu den ärmsten Ländern der Europäischen Gemeinschaft, der es 1972 beigetreten ist. In den letzten Jahren hat sich das Bild jedoch grundlegend geändert, und in Wirtschaftskreisen spricht man anerkennend vom „Keltischen Tiger". Das Bruttosozialprodukt, auf die Bevölkerungszahl bezogen, übertrifft mittlerweile jenes von Großbritannien, und so mancher Ire, der einstmals augewandert ist, kann nun in seine Heimat zurückkehren.

Vielen Orten an der irischen Westküste hat der Tourismus – wie hier in Dingle – zu neuem Aufschwung verholfen.

Abseits der Wirtschaftszentren bestimmt noch immer die Landwirtschaft das Bild, und gerade im abgelegenen Westen der Republik trägt der Tourismus zum Aufschwung bei. Dass die „Grüne Insel", die über Jahrhunderte von Armut und Auswanderung ausgezehrt wurde, in so kurzer Zeit den wirtschaftlichen Anschluss an Europa gefunden hat, erfüllt heute jeden Freund Irlands mit Freude.

DIE SCHÖNSTEN WANDERUNGEN

1 Vom Lough Tay auf den Djouce Mountain

Sally-Gap-Road – White Hill – Djouce Mountain – White Hill – Sally-Gap-Road

Karte: G 6

- leicht
- 8 km
- 2:45 Std.
- ↑ 280 m ↓ 280 m
- ja

Vorhergehende Doppelseite: Der Beara Way führt zur Westspitze von Dursey Island (Tour 8).

Tourencharakter: Eine einfache Bergwanderung auf einem Abschnitt des Wicklow Way, die großartige Ausblicke über die Wicklow Mountains bietet.
Beste Jahreszeit: Von Mai bis Oktober.
Ausgangs-/Endpunkt: Ein Parkplatz an der R759 oberhalb des Lough Tay.
Wanderkarte: OS-Karte 1:50 000, Blatt 56.
Markierung: Bis auf den Schlussanstieg durchgehend mit den stilisierten gelben Wanderern des Wicklow Way markiert.
Verkehrsanbindung: In Kilmacanoge zweigt die R755 von der N11 Dublin - Wexford ab und führt über Roundwood nach Laragh (Glendalough). 3 km nördlich Roundwood zweigt man auf die zum Sally Gap ausgeschilderte R759 ab. Nach 4 km beginnt die Wanderung oberhalb des Lough Tay an der zweiten Parkfläche rechts der R759.
Der private St.-Kevin's-Bus verkehrt zweimal täglich zwischen Dublin und Glendalough. Ausstiegsmöglichkeit in Roundwood oder an der Kreuzung Sally Gap Road (R759). Startpunkt der Buslinie in Dublin ist College of Surgeons, Stephens Green West.
Einkehr: Keine.
Unterkunft: Hotels und B&B's in Roundwood und entlang der R755. Hostels in Glendalough und Laragh. Ein Campingplatz in Roundwood.
Auskunft: TI-Office in Glendalough, Tel. (0404) 45 581 (Ende Juni bis September).

Das blaue Seeauge des Lough Tay, die dunklen Bergzüge der Wicklow Mountains, das grüne Tal des Dargle River mit den berühmten Gärten rund um Schloss → **Powerscourt** und der Blick zur Hafenbucht von → **Dublin** und hinaus auf die Irische See machen den Anstieg zum Djouce Mountain zu einer herrlichen Panoramatour.

Der Wegverlauf

Nach kurzem Aufstieg: Blick auf den Lough Tay.

Oberhalb des **Parkplatzes** an der R759 setzt ein kleiner Steig an, der in der Nähe eines Wäldchens links aufwärts zu einem Hügel mit ei-

Vom Lough Tay auf den Djouce Mountain

Tipp

Einige Kilometer nördlich des Djouce Mountain liegt das fotogene Dorf Enniskerry, das 1830 von den Herren des benachbarten Schlosses → **Powerscourt** angelegt wurde. Schon mehrmals bildete Enniskerry die Kulisse für Spielfilme. Das Dorf bietet eine gute Auswahl an Pubs, Restaurants und Übernachtungsmöglichkeiten.

nem großen Granitblock führt. Auf halber Höhe wird der Steig breiter. Wir sind nun auf dem mit hölzernen Markierungspfosten gekennzeichneten **Wicklow Way**, der hier als Holzbohlenweg über das sumpfige Gelände führt. Unter uns liegt in einem steilwandigen Kartal der Lough Tay.

Mit jedem Meter, den man an Höhe gewinnt, weitet sich der Blick über die Wicklow Mountains hinaus auf die Wasserfläche der Irischen See.

Versteckt unter einem großen Granitblock befindet sich eine **Gedenktafel** für den Pionier der Wicklow-Way-Erschließung, J. P. Mallone. Wir erreichen eine Kuppe, von der uns ein flaches Wegstück in den Sattel vor dem White Hill bringt. Wir überqueren mit Hilfe einer Holzleiter einen Zaun und steigen zum **White Hill** (630 m) hinauf, der uns einen weiten Blick über die Wicklow Mountains vermittelt.

Wir wandern über den nahezu ebenen Kamm auf den runden Kegel des Djouce Mountain zu. Wir folgen dem deutlichen Weg nach oben und gehen auch dort noch geradeaus weiter, wo die Zeichen des Wicklow Way seine Begeher nach rechts abwärts leiten. Noch einige Minuten müssen wir geradeaus nach oben steigen, ehe sich das Gelände allmählich zurücklegt. Die Spur schwenkt nach rechts hinaus, um die Felsen und das Vermessungszeichen am höchsten Punkt des **Djouce Mountain** (725 m) zu erreichen. Seltsam wirken die bizarren Gipfelklippen in dem sumpfigen und abgerundeten Gelände ringsum. Weit reicht von hier oben der Blick über die Berge und Täler bis zur Irischen See, über der man an klaren Tagen die Berge von Wales erahnen kann. Nach der Gipfelrast kehren wir auf dem Aufstiegsweg zum Ausgangspunkt zurück.

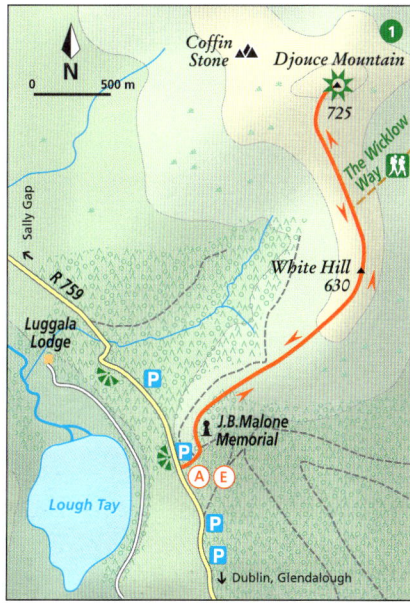

2 In den Bergen bei Glendalough

Upper Lake – Spink – Mullacor – Darrybawn Mountain – Upper Lake

Karte: G6

 leicht

 12 km

 4:30 Std.

 ↑ 650 m ↓ 650 m

 ja

Tourencharakter: Einfache, teils weglose Rundwanderung mit herrlichen Ausblicken.
Beste Jahreszeit: April bis Oktober.
Ausgangs-/Endpunkt: Der Parkplatz kurz vor dem Upper Lake im Tal von Glendalough.
Wanderkarte: OS-Karte 1:50 000, Blatt 56.
Markierungen: Nur auf kurzen Teilstücken.
Verkehrsanbindung: Die R755 führt von der N11 Dublin - Wexford nach Osten in die Wicklow Mountains. In Laragh zweigt die Straße in das nahe Tal von Glendalough ab. Auf ihr, vorbei am Glendalough Hotel, bis zum Parkplatz vor dem Upper Lake am Ende der Straße.
Der private St.-Kevin's-Bus verkehrt zweimal täglich zwischen Dublin und Glendalough. Startpunkt der Buslinie ist College of Surgeons, Stephens Green West.
Einkehr: Restaurants in Glendalough.
Unterkunft: Hotels, Guesthouses und B&B's in Glendalough und Laragh. Jugendherbergen in Glendalough und Laragh. Campingplatz in Roundwood.
Auskunft: TI-Office in Glendalough, Tel. (0404) 45 581 (von Ende Juni bis September).

Die berühmten Baudenkmäler des Klosters und die landschaftliche Schönheit des Tales von → Glendalough locken alljährlich Tausende von Besuchern an. Erkundet man zu Fuß die umliegende Bergwelt, erlebt man die Reize dieser Landschaft in völliger Einsamkeit.

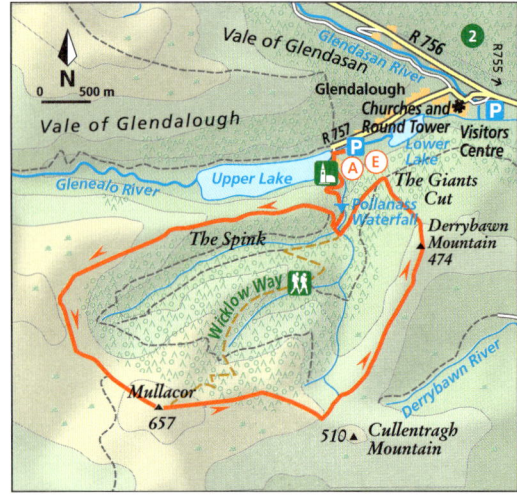

Der Wegverlauf

Vor dem **Upper Lake** in Glendalough gehen wir am Seeufer entlang nach links (Süden). Wir überqueren den Bach und wechseln nach wenigen Metern von der Forststraße links auf den Wanderweg, der am **Pollanass-Wasserfall** entlang nach oben führt. Wir treffen wieder auf die Forststraße, gehen auf ihr aufwärts zu einer Weggabelung und dort

In den Bergen bei Glendalough

> **Tipp**
>
> Auf dem Parkplatz nahe des Glendalough-Hotels findet man das kleine Besucherzentrum von Glendalough. Eine Ausstellung zum Kloster von Glendalough und eine Videovorführung über irische Klöster führen in frühchristliche Zeiten zurück.
>
> Die Informationsstelle des Nationalparks am Upper Lake von Glendalough widmet sich dagegen der Natur und bietet Tipps für Wanderungen.

rechts auf der ansteigenden Straße bis zu einer scharfen Linkskurve. Hier hilft uns eine Holztreppe rechts über einen Zaun. Wir steigen am linken Rand einer Wiese aufwärts zum Gipfel des **Spink**, von dem sich ein eindrucksvoller Tiefblick öffnet.

Der Rundweg bietet immer wieder berauschend schöne Tiefblicke auf die Seen von Glendalough und in das einsame Tal von Glenmalur.

Dem Holzpfad folgen, der über einen Bergrücken nach Westen führt. Links begleitet uns der Wald, bis unser Weg freies Gelände erreicht. Wir verlassen links haltend den Weg und treffen auf eine Forststraße. Kurz steiler ansteigend, dann nach links zu einem Bergkamm. Wir verlassen hier die Forststraße und steigen linkshaltend in einen nahen Sattel ab und jenseits zum Gipfel des **Mullacor** (657 m) hinauf.

Wir überqueren geradewegs den Gipfel und steigen in östlicher Richtung rechts des Waldes über einen Rücken ab. Wir überklettern einen Zaun, steigen leicht rechts und dann linkshaltend abwärts zu einem langgezogenen Bergkamm, der nach Norden leitet. Ihm folgen wir bis zum Gipfel des **Derrybawn Mountain** (474 m).

Vom Gipfel steigen wir links haltend abwärts zu zwei weiß markierten Zaunpfosten am Waldrand. Hier über eine Holzleiter zu einer Wegspur, die steil abwärts zu einer Forststraße führt. Wir folgen ihr nach rechts und halten uns an der nächsten Wegkreuzung links. Wir erreichen die Straßengabelung oberhalb des **Pollanass-Wasserfalls**, von der uns rechts abwärts der morgendliche Aufstiegsweg in wenigen Minuten zurück zum **Upper Lake** von → **Glendalough** bringt.

Am Beginn des Aufstiegs findet man neben den Resten einer Kirche einige alte Steinkreuze.

3 Auf den Lugnaquillia Mountain

Glenmalur – Arts Lough – Clohernagh – Lugnaquillia Mountain – Clohernagh – Glenmalur

Karte: G 6

 anspr.

 16 km

 6 Std.

 ↑ 810 m ↓ 810 m

☺ nein

Tourencharakter: Eine anstrengende Bergtour in teils weglosem Gelände, die herrliche Nah- und Fernblicke bietet.
Beste Jahreszeit: Mai bis Oktober.
Ausgangs-/Endpunkt: Im oberen Talabschnitt des Glenmalur stürzt über den linken Hang der Wasserfall des Carrawaystick Brook, an dem entlang der Abstiegsweg ins Tal zurückführt. Von hier noch ca. einen Kilometer talein, bis links eine Forststraße über den Avonbeg River führt.
Wanderkarte: OS-Karte 1:50 000, Blatt 56.
Markierung: Keine.
Verkehrsanbindung: Zwischen Laragh (Glendalough) und Rathdrum zweigen von der R755 mehrere Straßen nach Osten in das einsame Tal von Glenmalur ab, durch das eine schmale Teerstraße führt. In das Glenmalur besteht keine öffentliche Verkehrsanbindung. Busse verkehren von Dublin nach Glendalough (siehe Tour 2) oder von Wicklow an der Bahnlinie Dublin – Rosslare über Rathdrum nach Glendalough (Wicklow-Tours).
Einkehr: Keine.
Unterkunft: Einige B&B's im unteren Teil des Glenmalur.
Eine einfache Jugendherberge am Ende der Straße (geöffnet nur im Juli und August, in der Vor- und Nachsaison teilweise an den Wochenenden). Campingmöglichkeit bei der Jugendherberge. Ein offizieller Platz befindet sich im unteren Teil des Tales neben dem Pub Glenmalur Lodge. Unterkunftsmöglichkeiten in Rathdrum und Laragh (Glendalough).
Auskunft: TI-Office in Glendalough, Tel. (0404) 45 581 (nur Ende Juni bis September geöffnet); Auskunftsbüro in Rathdrum, Tel. (0404) 46 768 (geöffnet Montag bis Samstag).

Hinter dem einsamen Arts Lough schneidet das von Gletschern ausgehobelte Glenmalur tief in die Wicklow Mountains.

Das Glenmalur zählt mit seinen steil zugeschliffenen Flanken zu den prächtigsten Glazialtälern in Irland. Auf der Südseite nisten in kleinen Karen blaue Seeaugen und über allem thront der Lugnaquillia Mountain, der höchste Berg im Osten Irlands, und verspricht grenzenlose Ausblicke.

Der Wegverlauf

Wir überqueren den **Avonbeg River** auf einer kleinen Betonbrücke und gehen anschließend durch ein Gatter. Im Hang vor uns sind die Reste eines alten Gebäudes zu erkennen, und der Verlauf der Forststraße, die wir im ersten Teil unserer Wanderung benutzen, ist gut zu überblicken. Genau richtig, um unseren Gehrhythmus zu finden, ist der Beginn der Straße, die sanft ansteigend taleinwärts

Auf den Lugnaquillia Mountain

zieht. In mehreren Kehren schlängelt sie sich dann durch den unteren, von den eiszeitlichen Gletschern steilgeschliffenen Hang des Glen.

Einige Male passieren wir einen kleinen Bach, dessen Bett mit Moos bewachsen ist, das in den schönsten Grüntönen aufleuchtet. Nach oben hin werden die Kehren immer kürzer. Nachdem sich der Steilhang deutlich zurücklegt, führt die Forststraße geradeaus in eine Talsenke. Wir halten uns schon zu Beginn der Senke, die von einem steilen Halbrund aus Wänden umgeben ist, rechts und folgen einer weiteren Forststraße.

Die Forststraße verläuft immer leicht bergauf. Vorbei an einigen großen Bäumen, dann taucht vor uns die Steilwand des Ben Leagh über dem Frochan Glen auf. Unvermittelt endet die Straße im Nichts. Der Blick geht tief hinein ins Frochan Glen mit dem schönen Wasserfall, der über plattigen Fels herunterstürzt. Weit unten liegt der Talboden des Glenmalur, von dem wir durch steile, felsdurchsetzte Hänge getrennt sind. Vom Ende der Straße queren wir weiterhin den Hang leicht aufwärts haltend in Richtung Frochan Glen. Nach kurzer Zeit treffen wir auf einen Weidezaun, der vom Talboden des Frochan Glen den steilen Hang zu uns herauf läuft. Entlang des Zaunes steigen wir auf feuchtem Boden nach oben. Bald liegt das dunkle Wasser des **Arts Lough** in einer kleinen Senke vor uns. Auf einer kleinen Holztreppe überklettern wir den Zaun und steigen zum See hinunter.

Zu Beginn der Wanderung begeistert das von Gletschern ausgefräste Glenmalur und das einsame Seeauge des Arts Lough.

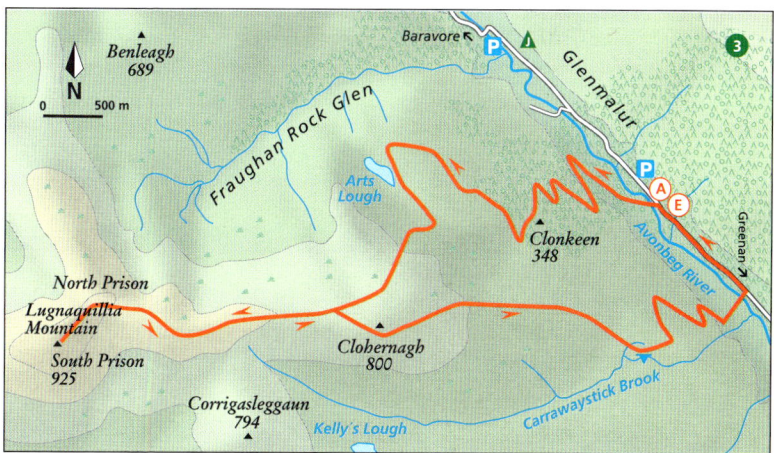

Über einen breiten Bergrücken führt der Weg zum höchsten Gipfel im Osten Irlands, der eine herrliche Rundumsicht bietet.

Gespenstisch still und dunkel liegt die Wasserfläche vor uns. Ein Saum heller Granitblöcke, die von den Felswänden oberhalb heruntergestürzt sind, schimmert am Rand des Sees. Von hier aus können wir uns schon einmal unseren Weiterweg einprägen. Links (südlich) der Blöcke schickt die Steilflanke, die den Arts Lough überragt, einen gratförmigen Vorbau herab. Eine deutliche, grasige Rampe mit Steigspuren führt zu diesem Grat hoch.

Über diese Rampe queren wir problemlos etwa 200 Meter schräg links aufwärts. Dann steigen wir über das steile, aber ungefährliche Gelände am rechten Rand des Hanges gerade empor. 150 Höhenmeter sind es bis zum nördlichen Vorgipfel des Clohernagh. Während der kleinen Verschnaufpausen im steilen Anstieg können wir immer wieder den Blick hinunter zum Arts Lough mit der tiefen Furche des Glenmalur dahinter genießen.

Oben auf dem Vorgipfel liegt der weitere Aufstieg bis zum breiten Gipfel des Lugnaquillia Mountain vor uns. Genau im Süden, ganz nahe vor uns, erhebt sich der unscheinbare Gipfel des **Clohernagh**, von dem aus dann links hinab unser Direktabstieg ins Glenmalur führt. Wir umgehen den Gipfel in der rechten Flanke und queren zum **Ostgrat** des **Lugnaquillia Mountain** hinauf, den wir bis zum Gipfel nicht mehr verlassen werden. Wir folgen der trockenen Spur, die in angenehmer Steigung über den Grat aufwärts führt. Vor uns zieht sich der obere Teil der Südwand, die Rückwand eines eiszeitlichen Kars, bis kurz unter den Gipfel des Lugnaquillia Mountain hinauf.

Neben dem Aufstiegsweg plätschert in einem moosüberwucherten Bett ein kleiner Bergbach zu Tale.

Immer wieder kleine, flache Absätze mit anschließenden steileren Abschnitten gestalten hier den Aufstieg, der sich doch noch mächtig in die Länge zieht, abwechslungsreich. Rechts bricht die Steilflanke hinunter in das Nordostkar ab, und kurze

Auf den Lugnaquillia Mountain

Tipp: Ein guter Ausgangspunkt für einen Ausflug in das Glenmalur ist das Dorf Rathdrum, das vielfältige Übernachtungsmöglichkeiten bietet. Beliebter Treffpunkt im Ort ist das Cartoon Inn. Hier kann man das ganze Jahr über die besten Zeichnungen des Cartoonfestivals bewundern, das am ersten Wochenende im Juni in Rathdrum stattfindet.

Zeit später, nachdem der Grat nach links biegt, wandern wir hart am Rand der Südabbrüche zum großen Steinmann auf dem nahen Gipfel des **Lugnaquillia Mountain**.

Von dort oben, auf dem Haupt des unumschränkten Herrschers der Wicklow Mountains, hat man einen umfassenden Rundumblick. Weit ziehen sich im Westen die Ebenen Innerirlands. Im Süden und Norden türmt sich Bergkamm nach Bergkamm, und im Osten erstreckt sich die Wasserfläche der Irischen See bis zu den Bergen von Wales, die an klaren Tagen zu sehen sind.

Vom Gipfel steigen wir auf dem Weg ab, den wir gekommen sind. Vor der steilen Nordostflanke schwenken wir nach rechts und begehen den uns schon bekannten, langen Ostgrat bis zum Gipfel des **Clohernagh**.

Am Gipfel beginnen wir in gleichbleibender Richtung mit dem Abstieg ins Glenmalur. Ein breiter Hang tut sich unter uns auf, über den ein Pfad nach unten führt. Nachdem wir circa 100 Höhenmeter abgestiegen sind, bricht zu unserer Linken das Gelände steil zu jener Mulde ab, in die wir im Aufstieg auf der Forststraße gelangt waren. Wir steigen die nächsten 150 Höhenmeter rechts dieses Abbruchs ab. Allmählich setzt die Wand links von uns aus, und wir gehen über den runden Rücken weiter abwärts. Das Gelände unter uns wird flacher, der Pfad verliert sich im Heidekrautgelände, und jetzt ist es entscheidend, den Beginn des Zickzack-Weges zu finden, der uns durch den steilen Schlusshang in den Talboden hinunterbringt. Leicht rechts halten wir im flacheren Gelände auf eine unauffällige Ruine zu, die wir schon von weiter oben erspäht hatten. In der Nähe dieser Ruine beginnt dann der Weg, der uns neben dem schönen **Wasserfall des Carrawaystick Brook** zu einer Farm im Tal bringt.

Vorbei an den Farmhäusern, durch ein Tor, danach auf Steinen über den Carrawaystick Brook, anschließend auf einer Fußgängerbrücke über den **Avonbeg River**, und wir stehen auf der Straße durch das Glenmalur. Von hier linkshaltend sind es noch etwa 1,5 Kilometer bis zu unserem morgendlichen **Ausgangspunkt**.

In den Comeragh Mountains

Mahon-Tal – Comeraghmountain – Knockaunapeebra – Fauscom – Mahon-Tal

Karte: E 8

 mittel

 8 km

 3:30 Std.

 ↑ 560 m ↓ 560 m

☺ nein

Tourencharakter: Die Bergtour folgt anfangs einer Pfadspur und führt dann über die teils feuchte Gipfelhochfläche. Herrliche Blicke zum Mahon-Wasserfall und auf den Karsee Coumshingaun Lake.
Beste Jahreszeit: Mai bis Oktober.
Ausgangs-/Endpunkt: Der oberste Parkplatz am Fuß der Mahon-Wasserfälle, in dessen Nähe der Wanderweg zum Wasserfall beginnt.
Wanderkarte: OS-Karte 1:50 000, Blatt 75.
Markierung: Keine.
Verkehrsanbindung: Auf der R676 von Lemybrien, das an der N25 zwischen Dungarvan und Waterford liegt, in Richtung Carrick on Suir fahren. Ca. 5 km nördlich von Lemybrien zweigt in Mahon Bridge das zu den Mahon Falls ausgeschilderte Sträßlein ab. Mehrere Busse täglich nach Lemybrien (der Ort liegt an der Hauptverkehrsroute von Waterford nach Cork). Die letzten 9 km von hier zum Ausgangspunkt werden von keinen öffentlichen Verkehrsmitteln bedient.
Einkehr: Keine.
Unterkunft: B&B's entlang der R676, entlang der N25 und vor allem in den Küstenorten zwischen Dungarvan und Waterford. Hotels entlang der Küste. Campingplätze an der Küste zwischen Waterford und Dungarvan. Nächste Jugendherberge in Waterford.
Auskunft: TI-Office in Waterford, Tel. (051) 87 57 88 (ganzjährig geöffnet). TI-Office in Carrick on Suir, Tel. (051) 4 07 26 (geöffnet Juni bis August).

Die Comeragh Mountains überraschen den Bergsteiger mit einer wilden Berglandschaft, wie man sie im Südosten Irlands nicht erwartet. Über steile Wände rauschen Wasserfälle, und in felsigen Karen verstecken sich blaue Seen. Von den Gipfeln genießt man herrliche Blicke auf das Meer und das grüne Weideland ringsum.

Der Wegverlauf

Vorbei am herrlichen Mahon-Wasserfall führt die Tour zum Fauscoum, der mit steilen Felswänden zum Karsee Coumshingaun Lough abfällt.

Vom **Parkplatz** ersteigen wir, vorbei an einem großen Felsblock, den Kamm, der das Mahon-Tal zur Linken begrenzt. Auf ihm läuft ein Weidezaun, in dessen Nähe wir nach oben steigen. Am Hochflächenrand des **Comeraghmountain** setzt ein schmaler Steig an, der nahe der steil ins Mahontal abbrechenden Wände verläuft. Bald verliert sich das Steiglein und wir gehen leicht bergab, auf die ruhige Bachstrecke oberhalb des ersten, etwa 15 Meter hohen Abbruches des **Mahon-Wasserfalls** zu.

Auf Steinen überqueren wir den Bach und wandern in einem Linksbogen auf eine felsige Kanzel, die mit senkrechten Wänden in das Tal abbricht. Anschließend überklettern wir die Reste einer alten Steinmauer und steigen dann gerade nach Nordosten hoch zum Gipfel des **Knockaunapeebra (726 m)**, den zwei große

In den Comeragh Mountains 31

4

In einem von steilen Felswänden umgebenen Kar liegt an der Ostflanke der Comeragh Mountains der Coumshingaun Lake.

Steinmänner zieren. Wir überqueren einen breiten, sumpfigen Sattel und steigen geradeaus nach oben zur sumpfigen Gipfelhochfläche des Fauscoum. Wir halten uns leicht links und erreichen den Steinmann auf dem höchsten Gipfel der Comeragh Mountains, dem **Fauscoum** (792 m).

Vom Gipfel gehen wir in Verlängerung der Linie, die wir heraufgekommen sind, nach Nordosten über die sumpfige, konturlose Hochfläche. Unvermittelt stehen wir am Rand des von hohen Felswänden eingefassten Kares, in dem der Coumshingaun Lake liegt. Wir folgen der Abbruchkante nach rechts und können bald vom Rand eines zweiten Kars zur Straße im Mahontal hinabsehen.

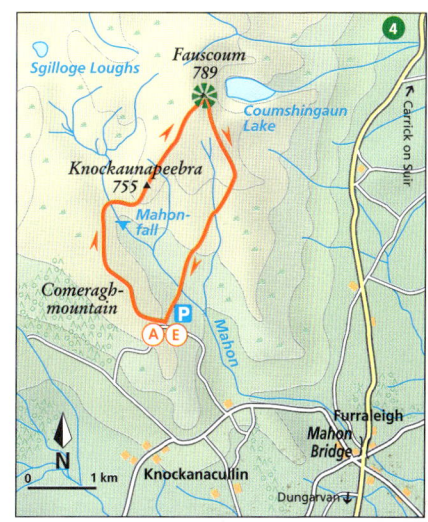

Von nun an wandern wir durch wegloses Gelände anfangs nahe eines Bachlaufes, weiter unten rechts haltend abwärts in den Talgrund. Ziel ist ein großer Felsblock am **Mahon River**, bevor sich der Fluss nach unten hin tiefer eingräbt. In der Nähe des Felsens können wir den Mahon River überqueren und jenseits zum Weg aufsteigen, der uns zum nahen **Ausgangspunkt** zurückbringt.

5 Auf den Galtymore Mountain

Black Road – Galtymore-Ostsattel – Galtymore Mountain – Black Road

Karte: D 7/8

- leicht
- 10 km
- 4 Std.
- ↑ 600 m ↓ 600 m
- ja

Tourencharakter: Anfangs auf breitem Weg, dann über steile Pfadspuren auf den höchsten Berg im Süden Irlands, der weite Ausblicke bietet.
Beste Jahreszeit: April bis Oktober.
Ausgangs-/Endpunkt: Kleiner Parkplatz an der Südflanke der Galtymore Mountains am Ende der schmalen Teerstraße durch das Tal des Sheep River.
Wanderkarte: OS-Karte 1:50 000, Blatt 74.
Markierung: Einige Steinmänner.
Verkehrsanbindung: Zwischen Cahir und Mitchelstown liegt an der N8 der kleine Weiler Skeheenaranky. Von der auffälligen Tankstelle im Ort fährt man circa 500 Meter auf der N8 in Richtung Cahir und biegt, circa 300 Meter vor dem Galtymore B&B, links in das erste Seitensträßchen. Auf der schmalen Teerstraße immer geradeaus 3 km talaufwärts bis zu einem Parkplatz an ihrem Ende. Von Cahir bis zum Abzweig circa 15 km, von Mitchelstown 9 km.
Auf der N8 verläuft die Buslinie zwischen Cork und Dublin, Haltemöglichkeit in Skeheenaranky.
Einkehr: Keine.
Unterkunft: Hotels und B&B's entlang der N8 zwischen Cahir und Mitchelstown und in den beiden Orten. Jugendherbergen in Cahir und an der Südflanke der Galty Mountains (Abzweig von der N8 circa 2,5 km vor dem Ausgangspunkt in Richtung Cahir).
Auskunft: TI-Office in Cahir, Tel. (052) 4 14 53 (geöffnet Mai bis September).

Am weißen Kreuz auf dem Gipfel des Galtymore Mountain öffnet sich eine nahezu grenzenlose Rundumsicht.

Am Südrand der Grafschaft Tipperary wachsen unvermittelt die Galty Mountains aus den fruchtbaren Ebenen. Der Kulminationspunkt dieses Bergkammes, der Galtymore Mountain, zählt zu den höchsten Gipfeln in Irland und verspricht weite Ausblicke über den Südteil der Insel.

Der Wegverlauf

Wir folgen vom **Parkplatz** der Verlängerung der Teerstraße aufwärts. Nach einem Tor marschieren wir geradeaus auf dem breiten Weg weiter. Bald liegt die sogenannte **Black Road**, eine alte Torfabbaustraße, vor uns. Angenehm ansteigend läuft der Weg nach Norden auf den Hauptkamm der Galty Mountains zu.

Zwischen uns und dem Galtymore Mountain liegt bald nur noch eine runde Vorkuppe, deren Hang die Black Road nach rechts hinaufquert. Nach einigen hundert Metern wird links die Pyramide des Galtymore wie-

Auf den Galtymore Mountain 33

Tipp
Am Südrand der Galty Mountains liegt eine der schönsten Schauhöhlen Irlands, die Mitchelstown Cave. In der ursprünglich belassenen Höhle begeistern die Tropfsteinbildungen und die Farbschattierungen der Ablagerungen. Zufahrt: An der N8 direkt gegenüber dem Abzweig zum Ausgangspunkt von Tour 5 in eine schmale Straße. Auf einer Querstraße nach links, an der folgenden Gabelung wieder links und geradeaus zur täglich von 10 – 18 Uhr geöffneten Höhle.

der sichtbar. Hier verlassen wir bei einigen **Steinmännern** den Schotterweg nach links.

Unser nächstes Ziel ist der tief eingekerbte Sattel zwischen dem Galtymore und dem Galtybeg. Auf einer Pfadspur queren wir durch den Südhang des Galtybeg zu diesem **Sattel** hinauf. Von dort leitet uns ein Steiglein, auf dem wir schnell an Höhe gewinnen, nahe der Nordabbrüche des Galtymore Mountain bergauf. Fast senkrecht fallen die Hänge zum kleinen Lough Dineen ab, der sich in einem Kar zu unseren Füßen eingenistet hat.

Am Bergkamm des Galtymore Mountain öffnet sich der Blick nach Norden zum Lough Curra und auf die Ebenen von Tipperary.

Schweißtreibend ist der Anstieg über den steilen, aber ungefährlichen Gipfelhang. Vorbei an einigen Sandsteinfelsen erreichen wir den großen Steinmann auf dem höchsten Punkt des **Galtymore Mountain** (919 m). Die Rundumsicht kennt hier keine Grenzen mehr. Im Westen ragen die Berge rund um Killarney auf, im Norden erstrecken sich die Ebenen Zentralirlands, und im Süden ist das Meer zu erahnen. Nach der Gipfelrast wandern wir auf dem bekannten Weg zurück zum **Ausgangspunkt**.

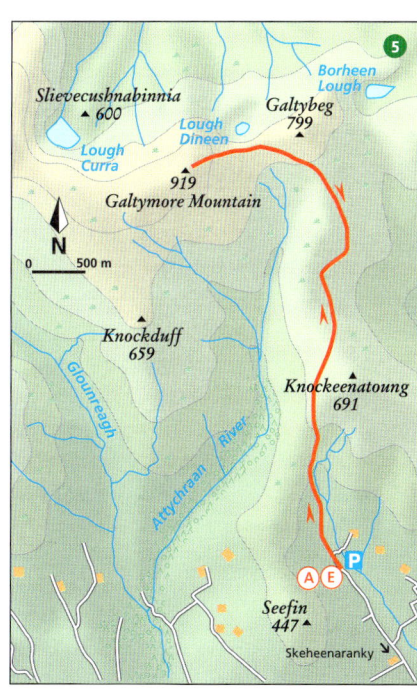

6 Rund um den Barley Lake

Barley Lake – Crossterry Mountain –
Glenlough Mountain-Hochebene – Barley Lake   Karte: G 6

 mittel

 6 km

 2:30 Std.

 ↑ 300 m ↓ 300 m

 nein

Tourencharakter: In weglosem Gelände durch das rauhe Bergland am Barley Lake. Wunderschöne Blicke auf den See und die Bantry Bay. Bei Nebel sehr schwierige Orientierung.
Beste Jahreszeit: April bis Oktober.
Ausgangs-/Endpunkt: Der Parkplatz nördlich des Barley Lake.
Wanderkarte: OS-Karte 1:50 000 Blatt 85.
Markierung: Keine.
Verkehrsanbindung: Von Glengarriff fährt man auf der N71 in Richtung Kenmare. Nach circa 1,5 km zweigt nach links eine beschilderte Seitenstraße zum Barley Lake ab. Nach weiteren 3 km in die zweite Straße links (Hinweisschild Barley Lake) und steil aufwärts zum Parkplatz am Ende der Straße. Busverbindung mehrmals täglich von Cork nach Glengarriff, von Juni bis September auch von Killarney nach Glengarriff.
Einkehr: Keine.
Unterkunft: Hotels und B&B's in Glengarriff. Zwei Jugendherbergen an der N71 einige Kilometer außerhalb von Glengarriff in Richtung Kenmare. Camping an den Jugendherbergen oder auf zwei Plätzen außerhalb von Glengarriff in Richtung Adrigole.
Auskunft: TI-Office in Glengarriff, Tel (027) 6 30 84 (geöffnet im Juli und August).

Über die Bucht von → **Glengarriff**, an der die Natur in fast tropisch anmutender Üppigkeit wuchert, ragen die kahlen Caha Mountains auf. Hier liegt auf einer Hochebene einer der größten und schönsten Gebirgsseen der → **Beara-Halbinsel**, der Barley Lake.

Der Wegverlauf

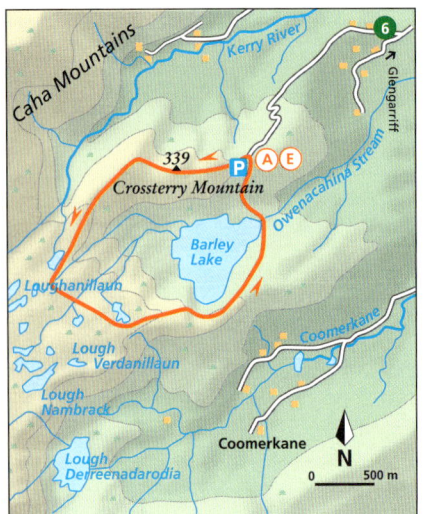

Vom **Parkplatz** steigen wir rechts auf den niedrigen Felsriegel. Wegspuren leiten uns über einen Rücken auf die Kuppe des **Crossterry Mountain** (339 m). Wir folgen jetzt dem Kamm und ersteigen über einen steilen Hang einen langgezogenen Höhenrücken. Der Rücken führt uns zum steil aufragenden Hauptkamm westlich des Barley Lake. Ein Tälchen öffnet uns den Weg durch die felsige Steilflanke, bis es kurz unterhalb der **Hochebene** in eine flache

Rund um den Barley Lake

> **Tipp**
>
> Südwestlich von Glengarriff liegt an der gleichnamigen Bucht das Städtchen Bantry. Am südlichen Ortsrand steht inmitten eines prachtvollen Parks das Bantry House, ein im 18. und 19. Jahrhundert erbautes Herrenhaus. Wer sich einmal als Schlossherr fühlen möchte, der kann sich im Bantry House in einem der allerdings nicht ganz preiswerten B&B-Zimmer einmieten (Anmeldung: Tel. (027) 5 00 47).

Wiese ausläuft. Wir wenden uns scharf nach links und überklettern zwei Felsrücken. Wir folgen nun einem Felskamm und erreichen einen **kleinen See** (445 m). Wir wandern an seinem linken Ufer entlang und dann links haltend durch sumpfiges Gelände auf einen plattigen Felskopf zu. Ungefähr unsere Höhe haltend, gehen wir vor ihm nach links. Bald liegt vor uns ein weiterer kleiner See, auf den wir zusteuern. Wir wandern an seinem linken Ufer entlang und anschließend leicht links haltend über Felsgelände bergab.

Bald sehen wir links unten den **See** liegen, an dem der Abstieg beginnt. Wir queren durch einen Hang zu dessen rechtem Ende hinüber. Über eine grasige Ebene links von einem niedrigen Felsriegels gehen wir in Richtung Barley Lake. Nach kurzer Zeit überqueren wir den Felsrücken nach rechts und wandern anschließend durch das felsdurchsetzte Gelände leicht rechts haltend abwärts.

Am Rand des steilen Abbruchs beginnt ein deutlicher Steig, der uns steil rechts hinab in eine **Scharte** bringt. Jenseits hilft uns ein Steig auf den anschließenden **Kamm**. Wir folgen dem Kamm, bis er nach und nach an Höhe verliert und wir links in Richtung See absteigen können. Deutliche Pfadspuren leiten an dieser Stelle zum **Auslauf des Sees** (236 m). Wir überqueren den Bach und folgen rechts haltend einem Pfad, der uns zum **Parkplatz** zurückbringt.

Fast während der gesamten Tour durch das raue Bergland bleibt der blaue Wasserspiegel des Barley Lake im Blickfeld.

Schon nach kurzem Anstieg wird der Blick auf den von kahlen Felsbergen eingefassten Barley Lake frei.

7 Auf den Hungry Hill

Curryglass – Park Lough – Hungry Hill – Glas Loughs – Curryglass

Karte: B 9

 anspr.

 11 km

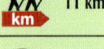 4:45 Std.

 ↑ 700 m ↓ 700 m

 nein

Tourencharakter: Der weglose Aufstieg durch die steile Südflanke ist schwierig, der Abstieg dagegen führt durch harmloses Gelände. Herrliche Blicke auf die Buchten und Berge im Südwesten Irlands.
Beste Jahreszeit: Von April bis Oktober.
Ausgangs-/Endpunkt: Ein kleiner Parkplatz in Curryglass an der R572.
Wanderkarte: OS-Karte 1:50 000, Blatt 84.
Markierung: Teilweise verblasste rote Punkte.
Verkehrsanbindung: Curryglass ist eine kleine Häuseransammlung auf halben Wege zwischen Adrigole und Castletownbere. 500 Meter östlich der kleinen, grauen Kirche des Ortes findet man an der R572 an einem Abzweig neben einer schmalen Brücke einen kleinen Parkplatz. Am Parkplatz ein blaues Hinweisschild zum Hungry Hill.
Tägliche Busverbindungen von Cork bzw. Glengarriff nach Castletownbere, Curryglass liegt an der Strecke (privates Busunternehmen).
Einkehr: Keine.
Unterkunft: B&B's in Adrigole, Castletownbere und entlang der Strecke. Die nächsten Hotels in Castletownbere. Jugendherberge westlich von Castletownbere. Ein Campingplatz in der Nähe von Curryglass.
Auskunft: In Castletownbere, Tel (027) 7 03 44 (geöffnet Juni bis September täglich außer Sonntag).

Über der Südküste der → **Beara-Halbinsel** ragt der mächtige Hungry Hill auf. Er ist der höchste Berg auf der Halbinsel und beeindruckt mit felsigen Steilflanken und steilen Graten. Sein Gipfel bietet eine überwältigende Rundschau auf die Buchten und gebirgigen Halbinseln im Südwesten Irlands.

Der felsig abweisende Hungry Hill ist der höchste Berg auf der Beara-Halbinsel und bietet eine herrliche Aussicht über das Meer und die Berge.

Der Wegverlauf

Vom Parkplatz gehen wir die schmale Seitenstraße hoch, die im Bogen aufwärts zu zwei Häusern unterhalb der Südflanke des Hungry Hill führt. Nach den Häusern durchqueren wir ein Tor und wandern auf der Schotterstraße in einen kleinen Sattel

Auf den Hungry Hill

hoch. Wir gehen noch kurz auf einen kleinen See zu und folgen dann rechts den Wegweisern des Beara Way (gelber Wanderer). Sie leiten uns links eines Zauns über einen Wiesenhang bergan zur felsigen Südflanke des Hungry Hill. Am oberen Ende des Zauns knickt der Beara Way nach rechts ab.

Wir steigen von hier leicht links aufwärts auf die Felsen zu. Nach kurzer Zeit zieht die Stützmauer eines alten Weges links auf einem Grasband in das felsdurchsetzte Gelände. Auf dem breiten Grasband queren wir ansteigend nach links. Nach einigen hundert Metern verengt sich das Grasband. Kurz zuvor setzt rechts ein Tälchen an, das uns den weiteren Aufstieg zum Gipfel vermittelt. Nach dem kurzen, steilen Beginn wird dieser Graben bald zu einer breiten Grasrampe, auf der wir in gleichbleibender Richtung durch die steile Südflanke des Hungry Hill bis zum **südlichen Vorgipfel** hinaufsteigen. Links führt uns ein letzter kurzer Anstieg zum Vermessungszeichen auf dem **Hungry Hill** (685 m).

Vom Gipfel gehen wir auf dem Kamm Richtung Norden, bis links die flachen, glatten Felsplatten aussetzen. Hier halten wir uns links und wandern über einen westlich verlaufenden felsigen Rücken auf die kleinen Glas Loughs zu, die unser nächstes Ziel sein sollen. Am Ende des Kammes können wir westlich die Schotterstraße erkennen, auf der wir zum Ausgangspunkt zurückwandern werden. Die **Glas Loughs** bleiben rechts liegen und wir steigen leicht links haltend vom Rücken ab. Bald ist der breite Weg erreicht, der einst für den Abbau von Torf gebaut wurde. Wir wandern auf dem Schotterweg geradeaus abwärts nach **Curryglass**. Dort stoßen wir auf die Hauptstraße, die links zum nahen **Ausgangspunkt** zurückführt.

Am Fuße des Hungry Hill zaubert im Frühjahr der blühende Ginster Farbtupfer in die karge Landschaft.

8 Dursey Island

Seilbahn – Ballynacallagh – Kilmichael – Tilikafinna – Dursey Head – Signalturm – Seilbahn

Karte: A 9

 leicht

 14 km

 4:30 Std.

 ↑ 470 m ↓ 470 m

 ja

Tourencharakter: Eine einfache Wanderung auf breiten Wegen und schmalen Pfaden auf der nahezu menschenleeren Insel. Berauschende Ausblicke zu den vorgelagerten Inseln und den benachbarten Halbinseln.
Beste Jahreszeit: Das ganze Jahr über möglich.
Ausgangs-/Endpunkt: Die Seilbahn, die Dursey Island mit dem Festland verbindet.
Wanderkarte: Karte: OS-Karte 1:50 000, Blatt 84.
Markierung: Durchgehend die stilisierten gelben Wanderer des Beara Way.
Verkehrsanbindung: Die Seilbahn zum Dursey Island ist zu erreichen über die R572, die die Westspitze der Beara-Halbinsel mit Castletownbere verbindet. Die täglichen Betriebszeiten der Seilbahn von 9 – 11, 14.30 – 17 und 19 – 20 Uhr (am Sonntag stark differierende Zeiten!) können sich aufgrund von Krankheit, Sturm usw. ändern; am besten Auskunft beim Betreiber Mr. Sheehan einholen, Tel. (027) 7 30 16 oder 7 30 17. Eine private Buslinie verkehrt von Bantry über Glengarriff nach Casteltownbere (24 km vor der Seilbahn).
Einkehr: Keine.
Unterkunft: Ein B&B auf dem Festland nahe der Seilbahnstation, Tel. (027) 73 017.
Ein Hotel und B&B's in Castletownbere; eine Jugendherberge zwei Kilometer westlich Castletownbere nahe dem Abzweig zum Dunboy Castle (Campingmöglichkeit) und zwei Jugendherbergen in Allihies (Campingmöglichkeit).
Auskunft: In Castletownbere, Tel. (027) 70 3 44 (geöffnet Juni bis September täglich außer Sonntag).

Die einzige Seilbahn Irlands bringt uns über eine Meerenge nach Dursey Island hinüber.

Die einzige Seilbahn Irlands verbindet die → **Beara-Halbinsel** mit dem fast menschenleeren → **Dursey Island**. Durch einsames Weideland wandert man zu den bizarren Klippen am sturmgepeitschten Dursey Head und genießt den Blick zur Inselfamilie von „The Calw", „The Cow" und „The Bull".

Der Wegverlauf

An der **Seilbahnstation** auf → **Dursey Island** beginnt das Sträßchen, das bis zur westlichsten Häuseransammlung der Insel den Weg vorgibt. Nach einem Kilometer erreichen wir **Ballynacallagh**, die größte der drei Inselsiedlungen. Anschließend geht es ansteigend nach **Kilmichael**, das zentral gelegene Dörfchen der Insel. Nach dem Dorf wandern wir durch ein Tor in freies Weidegelände. Der Weg führt hoch über dem Meer durch zunehmend steilere Hänge. Bald öffnet sich der traumhafte Blick über die westliche Spitze von Dursey Island.
Sanft abwärts leitet uns das Sträßchen zur Streusiedlung **Tilicka-**

finna, die wir durchwandern. Der Weg geht nach dem letzten Wohnhaus in eine schmale Pfadspur über und führt uns über eine Bergkuppe in einen Sattel hinab. Die folgende Hügelkuppe umgehen wir an der rechten Seite und erreichen die ehemalige Leuchtfeuerstation am **Dursey Head**. Wenige Schritte tiefer lockt die bizarre Felslandschaft am Kap.

Auf dem bekannten Weg kehren wir nach **Tilickafinna** zurück. Dort verlassen wir am tiefsten Punkt das Sträßchen nach links und ersteigen den Hügel, auf dem die Reste eines 200 Jahre alten **Signalturms** (252 m) stehen. Vom Turm wandern wir entlang der Markierungen am Bergkamm abwärts, übersteigen einen Zaun und folgen kurz einem Schotterweg. Wir wechseln links auf einen Pfad, der uns über den folgenden Hügel in einen tief eingeschnittenen Sattel leitet. Eine Leiter hilft über einen Zaun; der Weg führt anschließend an der Steinmauer entlang, die das Weidegelände von Kilmichael begrenzt. Wir wechseln bald auf einen Feldweg, der uns rechts nach **Ballynacallagh** hinableitet. Links wandern wir auf bekanntem Weg zur **Seilbahnstation** am Dursey Sound zurück.

Auf Dursey Island führt der Weg durch einsames Weideland zur bizarren, sturmumtosten Klippenlandschaft an der Westspitze der Insel.

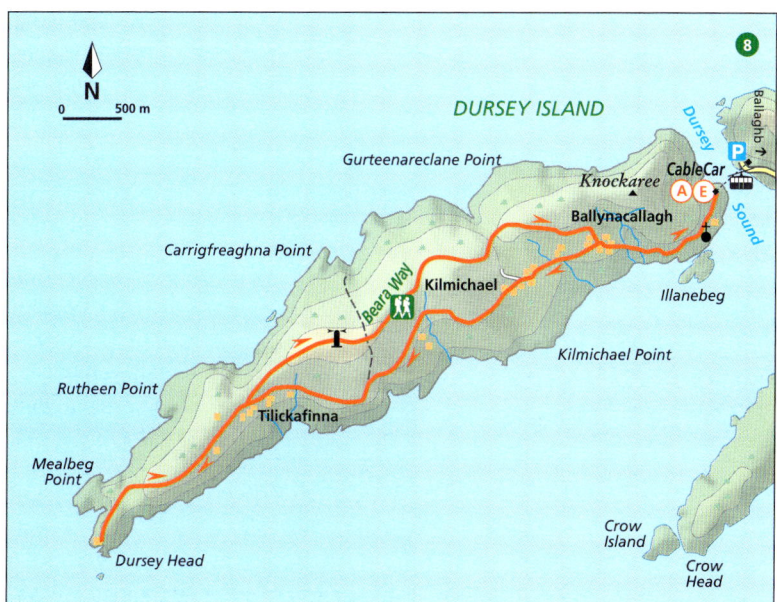

9 Auf den Mangerton Mountain

Finoulagh River – „Devil's Punch Bowl" – Mangerton Mountain –
„Devil's Punch Bowl" – Finoulagh River   Karte: B 8

 leicht
 10 km
 4:15 Std.
 ↑ 700 m ↓ 700 m
 ja

Tourencharakter: Eine einfache Bergtour zum eigenwilligen Bergsee „Devil's Punch Bowl" und auf den Gipfel des Mangerton Mountain, der herrliche Blicke auf die Berge und Seen bei Killarney bietet.
Beste Jahreszeit: April bis Oktober.
Ausgangs-/Endpunkt: Eine schmale Straße am Nordfuß des Mangerton Mountain.
Wanderkarte: OS-Karte 1:50 000, Blatt 78.
Markierung: Keine.
Verkehrsanbindung: Von Killarney auf der N71 vier Kilometer Richtung Kenmare. Unmittelbar nach dem Muckross Hotel links in eine Nebenstraße und aufwärts bis zu einer Kreuzung. Hier rechts (Wegweiser Mangerton Car Park) und auf schmaler Teerstraße am Waldrand entlang. Wenige Meter, nachdem rechts der Wald aussetzt, beginnt links auf einem Betonbrückchen der Anstieg auf den Mangerton Mountain.
Bus- und Bahnverbindungen aus allen Landesteilen nach Killarney.
Einkehr: Keine.
Unterkunft: Hotels und B&B's in Killarney und entlang der Zufahrtsstraße zum Ausgangspunkt. Mehrere Jugendherbergen in und um Killarney. Mehrere Campingplätze bei Killarney.
Auskunft: TI-Office in Killarney, Tel. (064) 3 16 33 (ganzjährig geöffnet).

Südlich der Seen von → **Killarney** erhebt sich der breitschultrige Mangerton Mountain (→ **Killarney**), der eine der schönsten Bergtouren in weitem Umkreis bietet. Unterhalb des Gipfels, der herrliche Weit- und Tiefblicke gewährt, liegt der eigenwillige Bergsee „Devil's Punch Bowl" (→ **Killarney**), den man früher für einen Vulkankrater hielt.

Über dem Lough Leane lässt die Abendsonne die kahle Nordflanke des Mangerton Mountain aufleuchten.

Der Wegverlauf

Wir überqueren das **Betonbrückchen** und gehen auf einem Schotterweg zu einem Schafpferch, von dem sich ein schmaler Steig durch Ginsterbüsche nach oben windet. Ein Gatter hilft uns durch einen Zaun; kurz danach gehen wir auf einem Steiglein zu

Auf den Mangerton Mountain 41

Essen & Trinken

Killarney bietet eine breites Spektrum an Restaurants, von denen zwei besonders hervorgehoben werden sollen. „Gaby's" (17 High Street) konzentriert sich vor allem auf Fisch und Meeresfrüchte und wurde 1997 mit dem „Irish Seafood Award" ausgezeichnet. Im preiswerten „Celtic Cauldron" (20 Plunkett Street) versucht man sich an der Wiederbelebung der alten keltischen Kochtradition.

einem Bach hinunter, den wir überspringen. Durch den folgenden Hang steigen wir in der Nähe eines Grabens nach oben. Bald erreichen wir eine Ebene, über die uns die verrosteten Metallpfähle eines alten Weidezauns den Weg weisen.

Oberhalb verläuft der Weiterweg links einer ausgeprägten Runse und führt uns zu einigen großen Steinmännern. Der breite Weg biegt nach rechts und steigt nur noch leicht an. Nach einer Steinmauer folgen wir nicht links hinauf der Abkürzung, sondern schlagen lieber den gemütlichen und bald wieder deutlich ausgeprägten Weg ein, der geradewegs den Hang aufwärts quert.

Über die harmlose Nordflanke führt der Weg zum herrlichen „Devil's Punch Bowl" und auf den Gipfel des Mangerton Mountain.

Nach wenigen Minuten erreichen wir den Auslauf des **„Devil's Punch Bowl"** (670 m) genannten Sees.

Vom Bach aus erklimmen wir jetzt den niedrigeren, linken Seitenkamm des Kars, in dem der See liegt. Zum Abschluss trennt uns ein kurzer, steiler Grashang vom sumpfigen Gipfelplateau des **Mangerton Mountain** (839 m). Wir folgen einem Pfad nach rechts, der am Abbruch zum See entlang führt. Von hier bieten sich uns herrrliche Tiefblicke auf die Punchbowl und die Seen von → **Killarney**.

Durch steileres Gelände steigen wir danach immer in der Nähe des Kars zu unserer Rechten zum Auslauf des **Sees** ab. Wir überspringen den Bach und wandern auf unserer Aufstiegsroute zum **Ausgangspunkt** zurück.

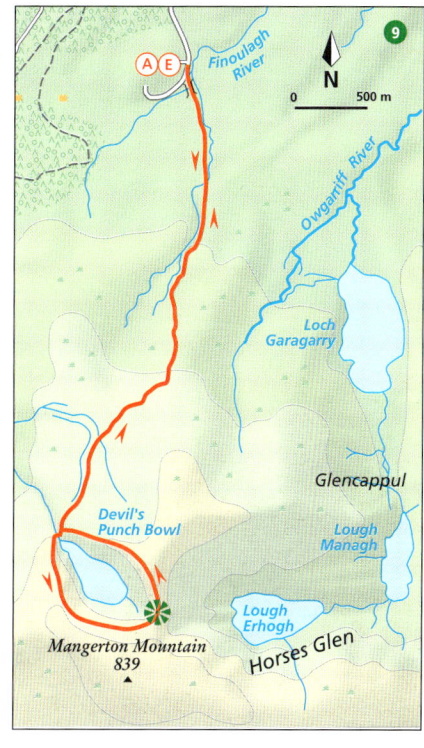

10 Auf den Carrauntoohil

Parkplatz – Hag's Glen – Teufelsleiter – Carrauntoohil – Hag's Glen – Parkplatz

Karte: B 8

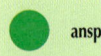 anspr.

 12 km

 5:30 Std.

 ↑ 900 m ↓ 900 m

 ja

Tourencharakter: Anspruchsvolle Bergtour. Bis ins Hag's Glen einfacher Anstieg auf breitem Weg, der Weiterweg in steilem Schuttgelände ist schwierig. Herrliche Nah- und Fernblicke vom höchsten Gipfel Irlands.
Beste Jahreszeit: Mai bis Oktober.
Ausgangs-/Endpunkt: Ein Parkplatz an einer Farm an der Nordflanke der MacGillycuddy's Reeks.
Wanderkarte: OS-Karte 1:50 000, Blatt 78.
Markierung: Teilweise Steinmänner.
Verkehrsanbindung: Von Killarney auf der N72 in Richtung Killorglin. Nach circa 5 km der Beschilderung zum Gap of Dunloe folgend links abbiegen. Circa 2 km vor dem Nordende des Gap of Dunloe an einer Kreuzung, an der die Zufahrt zum Gap links als Nebenstraße abzweigt, geradeaus in Richtung Glencar. Nach weiteren 4 km folgt man im Weiler Carhoonahone dem Schild mit der Aufschrift Carrauntoohil nach links. Nun auf schmalem Sträßchen aufwärts zum Parkplatz an einer Farm am Ende der Straße.
Bus- und Bahnverbindungen aus allen Landesteilen nach Killarney. Zum Ausgangspunkt keine öffentlichen Verkehrsmittel.
Einkehr: Keine.
Unterkunft: Hotels und B&B's in Killarney und entlang der Zufahrtsstrecke. Nächste Jugendherberge und nächster Campingplatz in Fossa an der Zufahrtsstrecke von Killarney zum Ausgangspunkt.
Auskunft: TI-Office in Killarney, Tel. (064) 3 16 33 (ganzjährig geöffnet).

Ein tiefes Kar trennt den Carrauntoohil vom zweithöchsten Gipfel Irlands, dem Been Deragh.

Der Carrauntoohil im Bergzug der MacGillycuddy's Reeks ist mit 1039 Metern der höchste Gipfel auf der irischen Insel. Von Norden führt der häufig begangene Normalweg durch das seenerfüllte Hag's Glen über die steile „Teufelsleiter" auf den Gipfel. Herrliche Nahblicke auf die imposante Bergwelt und unbegrenzte Fernsicht begeistern jeden Bergsteiger.

Der Wegverlauf

Vom **Parkplatz an der Farm** gehen wir durch das rechte, untere Tor. Der Weg schlängelt sich zwischen Zäunen und Steinmauern durch das Farmgelände, bis wir nach einem Bach freies Gelände erreichen. Wir folgen immer dem deutlichen Steig, der uns zum **Gaddagh River** führt. Wir überqueren den Fluss und stoßen auf einen breiten Schotterweg, der uns links fast eben in das **Hag's Glen** führt. Wir überqueren den Bach und steigen zum **Lough Callee** (329 m) hinauf.

Auf den Carrauntoohil

Am See endet der Schotterweg; ein Steig leitet auf die steile, beidseits von Felsen begrenzte Schuttrinne zu, durch die die **„Devil's Ladder"** nach oben führt. Bald sehen wir rechts unter uns den Lough Gouragh, und über teils feuchtes Gelände erreichen wir die steil aufstrebende Schuttrinne.

> **Tipp:** Westlich der MacGillycuddy's Reeks findet man in Glencar das „Climbers Inn", Tel. (066) 6 01 01. Dieser alte Landgasthof mit Pub bietet seit 1879 Unterkunft für Wanderer und Bergsteiger. Heute stehen B&B-Zimmer, Betten in einem Hostel und Campingmöglichkeiten zur Auswahl. Ergänzt wird das Angebot durch einen Abholservice, Fahrradverleih und geführte Wanderungen.

Auf Steigspuren, die im Zickzack nach oben führen, überwinden wir die zwischen Felswänden eingeschnittene Schuttrinne, die nach oben hin immer steiler und enger wird. Die Steilrinne endet in einem breiten Sattel, von dem uns rechts ein breiter Weg über einen harmlosen Hang auf den kreuzgeschmückten Gipfel des **Carrauntoohil** (1039 m) hinaufführt. Hier genießen wir die Aussicht auf Meer, Ebenen, Berge und Seen, die an Schönheit kaum zu überbieten ist, ehe wir über den Aufstiegsweg zum **Ausgangspunkt** zurückkehren.

Nach dem harmlosen Weg durch das Hag's Glen leitet die steile „Devil's Ladder" auf den Gipfelkamm des Carrauntoohil.

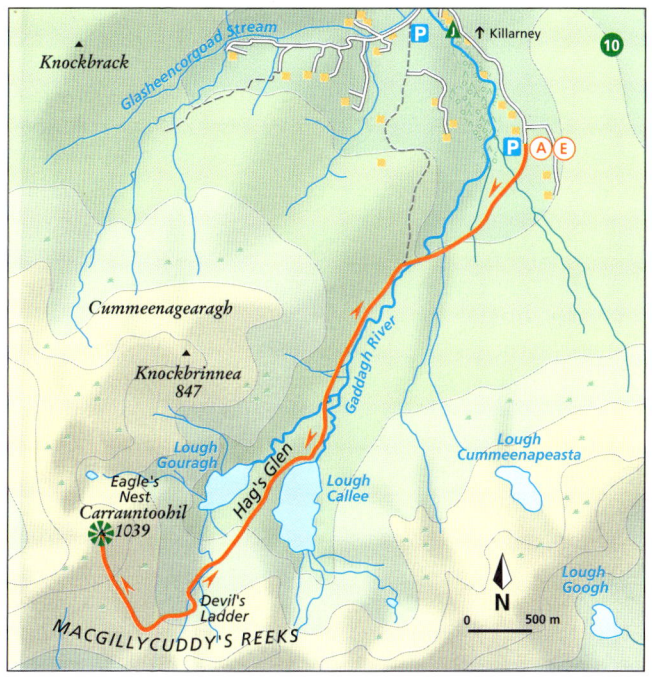

11 Rund um den Coomasaharn Lake

Coomasaharn Lake – Knocknaman – Coomacarrea – Teermoyle Mountain – Coomreagh – Coomasaharn Lake   Karte: A 8

 mittel

 10 km

 4:30 Std.

 ↑ 700 m ↓ 700 m

 nein

Tourencharakter: Eine Rundtour durch wegloses, teils steiles Bergland. Herrliche Blicke auf große Karseen, die Dingle Bay und die Berge in weitem Umkreis.
Beste Jahreszeit: April bis Oktober.
Ausgangs-/Endpunkt: Das Farmgelände am Nordende des Coomasaharn Lake.
Wanderkarte: OS-Karte 1:50 000, Blatt 78.
Markierung: Keine.
Verkehrsanbindung: Auf schmaler Straße, die in Glenbeigh (gelegen zwischen Killorglin im Osten und Cahersiveen im Westen) neben der Kirche von der N70 (Ring of Kerry) nach Süden abbiegt. Auf dem Sträßlein immer geradeaus bis kurz vor den See (circa 7 Kilometer ab Glenbeigh). Die Teerstraße biegt hier scharf nach rechts, und geradeaus, auf den See zu, läuft eine Schotterstraße weiter. An dieser Stelle Parkmöglichkeiten entlang der Straße. Kommt man von Westen, kann man schon vor Glenbeigh rechts auf eine zum Coomasaharn Lake ausgeschilderte Straße abbiegen.
Ein- bis zweimal wochentags Busverbindung von Killarney über Glenbeigh nach Cahersiveen.
Einkehr: Keine.
Unterkunft: Hotels und B&B's entlang des Ring of Kerry und in Glenbeigh. Nächste Jugendherberge nahe Killorglin. Campingplatz in Glenbeigh.
Auskunft: Keine in näherer Umgebung.

Zwischen Cahersiveen und Glenbeigh führt der Ring of Kerry (→ **Iveragh-Halbinsel**) durch die Hänge eines mächtigen Bergkammes. Gewaltige Kare, in denen einsame, tiefblaue Bergseen liegen, schneiden von Osten in diesen Bergzug. Diese Wanderung führt durch wildes Bergland rund um den größten dieser Seen, den Coomasaharn Lake.

Der Wegverlauf

Durch wildes Bergland führt uns die Tour rund um das steilwandige Kar, in dem der einsame Coomasaharn Lake liegt.

Wir gehen vom **Ausgangspunkt** auf der Schotterstraße auf den **Coomasaharn Lake** zu und dann links hinauf zu den letzten Farmgebäuden. Durch ein kleines grünes Gatter zur Linken erreichen wir einen Zaun, an dem entlang wir bis zu einer niedrigen Felswand hochsteigen. Wir wenden uns nach rechts und queren durch den Hang ansteigend auf einen Absatz, von dem aus wir den Coomasaharn Lake in seiner ganzen Länge überblicken. Wir überklettern einen niedrigen Zaun und steigen rechts haltend aufwärts. Nach 350 Höhenmetern erreichen wir den breiten, flachen Gratrücken des **Knocknaman** (581 m).

Wir wandern rechts mäßig ansteigend auf den langgezogenen Rücken zu, der unser Kar im Süden begrenzt. Dort, wo wir diesen Rücken erreichen, biegt unser Weg wieder nach rechts um.

Rund um den Coomasaharn Lake 45

Hoch über dem Coomasaharn Lake liegt in einem Seitenkar der Coomacullen Lake.

Ein breiter Rücken führt uns auf den Gipfel des **Coomacarrea** (772 m). Wir folgen immer der Abbruchkante zum Coomasaharn Lake, durchqueren einen Sattel und wandern rechts am **Teermoyle Mountain** (760 m) vorbei nach Norden. Bald läuft rechts ein Grashang zum scharfgeschnittenen Grat hinab, der das Kar, in dem der Coomasaharn Lake liegt, nördlich begrenzt. Ein deutlicher Steig führt uns über den schmalen Kamm und eine Felsnase auf die grasige Gipfelhochfläche des **Coomreagh** (593 m).

Wir folgen dem linken Rand der Hochfläche und steigen dann auf einem schmalen Kamm nach Nordosten hinunter. Bald wird das Gelände flacher, und wir treffen auf einen Weidezaun. Wir folgen dem Zaun einige Meter und überklettern ihn danach mit Hilfe eines großen Steinblockes. Jetzt steigen wir rechts, in Richtung Coomasaharn Lake, zu einem Schotterweg ab, dem wir bis zum Farmgelände folgen. Nach einem Metalltor halten wir uns links und gehen vor dem nächsten Gehöft rechts hinunter. Wir treffen auf ein geteertes Sträßlein, das uns zum nahen **Ausgangspunkt** hinabführt.

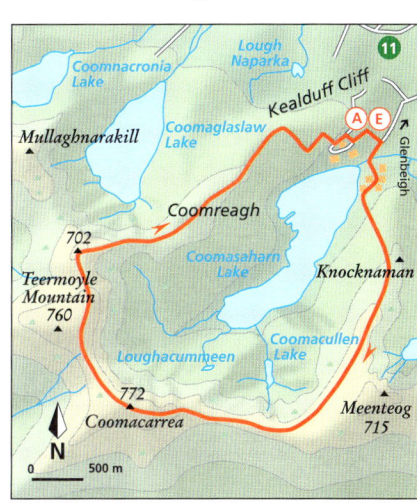

12 Über den Pilgerweg auf den Knocknadobar

Coonanna Harbour Road – Kreuzweg – Knocknadobar – Kreuzweg – Coonanna Harbour Road   Karte: A 8

- leicht
- 8 km
- 3:30 Std.
- ↑ 670 m ↓ 670 m
- ja

Tourencharakter: Eine einfache Tour auf einen herrlichen Aussichtsberg am Rande der Dingle Bay. An einigen Stellen ist der Wallfahrtsweg recht feucht.
Beste Jahreszeit: April bis Oktober.
Ausgangs-/Endpunkt: Eine schmale Straße unter dem Westhang des Knocknadobar, circa 1,5 Kilometer südlich von Coonanna Harbour. Enge Parkmöglichkeiten an der Straße in der Nähe eines weißen Marienaltars.
Wanderkarte: OS-Karte 1:50 000, Blatt 83.
Markierung: Die großen, weißen Kreuze des Kreuzweges.
Verkehrsanbindung: In Cahersiveen überquert man die nordwärts führende Brücke über den Valentia River, fährt anschließend rechts, hält sich nach 1,5 km an der Straßengabelung links und trifft auf den unübersehbaren Marienaltar auf der rechten Straßenseite.
Reist man von Osten, über den „Ring of Kerry" an, zweigt man schon einige Kilometer vor Cahersiveen direkt vor einem auffälligen Torfkraftwerk nach rechts ab (Wegweiser Coonanna Harbour). Nach dem Kraftwerk an einer Kurve scharf nach links und nach 1,5 km an einer Straßengabelung rechts haltend, erreicht man den Marienaltar. Wochentags ein- bis zweimal täglich Busverbindung von Killarney nach Cahersiveen.
Einkehr: Keine.
Unterkunft: Hotels und B&B's in Cahersiveen und Umgebung. Eine Jugendherberge in Cahersiveen. Campingplatz bei Cahersiveen oder Campingmöglichkeit an der Jugendherberge.
Auskunft: Cahersiveen, Tel. (066) 72 589 in der Nebensaison 72 777.

Aus einem beschaulichen Tal führt der Wallfahrtsweg entlang der weißen Kreuze auf den herrlichen Aussichtsgipfel des Knocknadobar.

Rund um Cahersiveen (→ **Iveragh-Halbinsel**) löst sich die Küste in ein Gewirr von Inseln und schmaler Meeresarme auf. Den schönsten Blick auf die amphibische Landschaft bietet der Knocknadobar. Als unübersehbarer Wegweiser zu seinem Gipfel dienen die weißen Kreuze eines 1885 errichteten Kreuzweges.

Der Wegverlauf

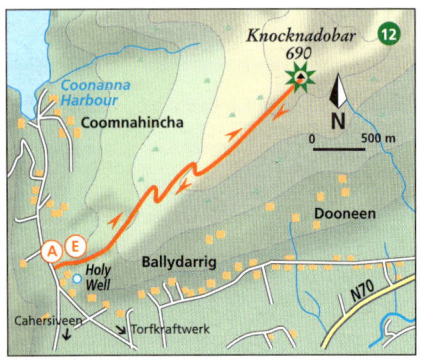

Vom **Madonnenschrein** gehen wir circa 150 Meter auf der Straße nach Norden, in Richtung Coonanna Harbour. Wir durchqueren das zweite Tor auf der rechten Straßenseite und wandern zwischen einem Felsrücken und einer Steinmauer auf den Knocknadobar zu. Nach einem zweiten Gatter führt uns der Weg an den ersten beiden der vierzehn Kreuze vorbei zu einem letzten Tor.

Über den Pilgerweg auf de Knocknadobar

12

Entlang des Wallfahrtsweges dienen die Kreuze als nicht zu übersehende Orientierungshilfen.

Etwas höher verwehrt uns der ausbauchende Hang den Blick nach oben, und die Wegsuche im teilweise sumpfigen Gelände gestaltet sich zunehmend schwieriger. Stangen sind hier als Markierungen angebracht. Doch bald schon bieten die höher im Hang gelegenen Kreuze wieder gute Anhaltspunkte. Ein schöner Weg läuft nun links aufwärts zu den Kreuzen im Schuttgelände. In einer weiten Links-Rechts-Kehre erreichen wir die herrlich gelegene zwölfte Kreuzwegstation am Südwestgrat des Knocknadobar, von der wir den Westteil der →**Iveragh-Halbinsel** überblicken. Berge und Seen bestimmen das Bild im Landesinneren, während eine vielgestaltige, reich gegliederte Küste einen verlockenden Saum um die Halbinsel legt. Valentia Island schmiegt sich ans Festland, und weit draußen, mitten im Atlantischen Ozean, durchstoßen die atemberaubenden Felsen der →**Skellig-Inseln** die Wasserfläche.

An einem kleinen Marienschrein beginnt der Aufstieg über die Westflanke des Knocknadobar.

Unser Weiterweg führt wieder nach links in den Schutthang zu einem weiteren Kreuz und dann rechts aufwärts. Vorbei am großen Kreuz, das etwas unterhalb des höchsten Punktes steht, erreichen wir nach kurzer Zeit den Gipfel des **Knocknadobar** (690 m). Nach der Gipfelrast kehren wir über den Aufstiegsweg zum **Ausgangspunkt** zurück.

13 Der Caherconree

Passstraße – Caherconree Fort – Caherconree – Caherconree Fort – Passstraße

Karte: B 8

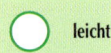 leicht

 11 km

 3 Std.

 ↑ 570 m ↓ 570 m

 ja

Tourencharakter: Einfache, jedoch teils feuchte und steile Bergwanderung auf ausgetretenen Steigspuren. Vom sagenumwobenen vorgeschichtlichen Wall und vom Gipfel herrliche Ausblicke.
Beste Jahreszeit: April bis Oktober.
Ausgangs-/Endpunkt: Einige Parkbuchten nördlich unterhalb des höchsten Punktes der schmalen Passstraße, die Camp mit Aughils verbindet. Direkt oberhalb der Parkbuchten steht eine große Informationstafel zum Caherconree Fort.
Wanderkarte: Karte: OS-Karte 1:50 000, Blatt 71.
Markierung: Bis zum Caherconree Fort rotweiße Stangen.
Verkehrsanbindung: Von Tralee auf der N86 nach Camp oder vom an der N70 gelegenen Castlemaine auf der R561 nach Aughils. Der Abzweig am Ortsrand von Camp von der N86 auf die Passstraße befindet sich in einer scharfen Kurve neben der Brücke über den Finglas River und ist mit „Scenic Road Inch" und „Caher-Conree Promontory Fort" ausgeschildert. An der Südküste zweigt die Zufahrtsstraße nahe der kleinen Ansiedlung Aughils von der R561 ab und ist mit „Camp" und „Scenic Road Camp" beschildert.
Von Tralee nach Dingle Town dreimal täglich Busverbindungen hin und zurück (Haltestelle in Camp, von dort 4 km zum Ausgangspunkt der Wanderung). Von Killarney nach Dingle Town im Juli und August täglich eine Busverbindung (Haltemöglichkeit in Aughils, von dort 4 km zum Ausgangspunkt der Wanderung).
Einkehr: Keine.
Unterkunft: Alle Arten von Unterkünften in Dingle Town und Tralee. Nächster Campingplatz in der Nähe von Castlegregory (circa 8 km westlich von Camp). Hostels an der Nordküste der Dingle-Halbinsel in Stradbally und nahe der Südküste in Annascaul. B&B's in Camp und in der Umgebung von Aughils.
Auskunft: TI-Office in Dingle Town, Tel. (066) 5 11 88 (geöffnet von Mai bis Oktober) und Tralee, Tel. (066) 2 12 88 (ganzjährig geöffnet).

Den Ostteil der → **Dingle-Halbinsel** beherrscht der langgezogene Bergkamm der Slieve Mish Mountains. Der westlichste Gipfel des Gebirgskammes, der Caherconree, bietet nicht nur eine herrliche Aussicht, sondern unterhalb des Gipfels lockt das alte Gemäuer des sagenumwobenen vorgeschichtlichen → **Caherconree Fort**.

Der Wegverlauf

Vorbei am sagenumwobenen Caherconree Promontory Fort führt der Weg zum aussichtsreichen Gipfel des Caherconree.

An der **Informationstafel** zum Caherconree Fort beginnt neben der Passstraße die Reihe der rotweißen Markierungspfosten, die den Weg zum Promontory Fort kennzeichnet. Zu Beginn führt der Weg durch feuchtes Gelände, doch bald steigen wir in anstrengenden Serpentinen durch den steilen und nun trockenen Hang aufwärts. Immer näher kommen wir der Felsnase, auf der das Promontory-Fort liegt. Kurz bevor wir den Bergrücken erreichen, schwenkt die Reihe der Markierungspfosten nach links und endet auf einer Ebene direkt vor den wuchtigen Mauern des → **Caherconree Fort (683 m)**, die einen steil abfallenden Vorgipfel abtrennen.

Über uns ist unser endgültiges Ziel zu sehen, der breite Rücken des Caherconree-Hauptgipfels. Wir gehen entlang einer verfallenen Steinmauer auf eine felsübersäte Kuppe an der linken Seite der Ebene zu. Rechts um diesen kleinen Hügel herum und dann wieder linkshaltend erreichen wir einige auffällige Felstürme. Von hier ersteigen wir die linke, schotterüberzogene Gipfelkuppe des **Caherconree** (835 m). Unvermittelt bricht direkt hinter dem Gipfelsteinmann die flache Hochebene steil zu den beiden kleinen Bergseen im Derrymore Glen ab. Über den Aufstiegsweg kehren wir zum **Ausgangspunkt** zurück.

Vom Gipfel des Caherconree fällt eine steile Felsflanke zum einsamen Derrymore Lough ab.

14 Auf den Brandon Mountain

Cloghane – Faha – Brandon Mountain – Faha – Cloghane

Karte: A7

 anspr.

 8 km

 4:30 Std.

 ↑ 770 m ↓ 770 m

 nein

Tourencharakter: Ein langer und schwieriger Anstieg durch ein herrliches, von hohen Felswänden umringtes Tal mit kleinen Seen und Wasserfällen. Vom alles überragenden Gipfel eine umfassende Fernsicht.
Beste Jahreszeit: Mai bis Oktober.
Ausgangs-/Endpunkt: Faha, eine kleine Gehöftansammlung an der Ostflanke des Brandonmassivs oberhalb der Ortschaft Cloghane.
Wanderkarte: OS-Karte 1:50 000, Blatt 70.
Markierung: Stangen und Farbpunkte.
Verkehrsanbindung: Von Dingle Town aus über den Connorpass und am unteren Ende der Nordrampe nach links in Richtung Cloghane, Brandon und Brandon Peak. Einige hundert Meter nach Cloghane leitet ein Schild mit der gälischen Aufschrift „Cnoc Bhreandain" links in eine Seitenstraße. Auf der schmalen Straße aufwärts bis zu ihrem Ende an einem Gehöft. Hier Parkmöglichkeit. Bitte um Parkerlaubnis fragen!
Man kann auch die Nordküste der Dingle-Halbinsel von Tralee aus entlangfahren. Durch Camp, an Castlegregory vorbei, erreicht man Ballyduff. Hier rechts weg nach Cloghane und weiter wie oben.
Busverbindungen von Tralee nach Dingle Town (16 km zum Ausgangspunkt der Wanderung) dreimal täglich. Von Tralee nach Castlegregory (16 km zum Ausgangspunkt der Wanderung) nur freitags zweimal. Busverbindung von Killarney nach Dingle Town im Juli und August einmal täglich.
Einkehr: Keine.
Unterkunft: B&B's in Cloghane. B&B's und Hotels in Dingel Town und Castlegregory. Jugendherbergen in Dingle Town und Stradbally (3 km vor Castlegregory). Campingplatz in Castlegregory.
Auskunft: TI-Office in Dingle Town, Tel. (066) 5 11 88 (geöffnet Mai bis Oktober) und in Tralee, Tel. (066) 2 12 88 (ganzjährig geöffnet).

Den Westen der → **Dingle-Halbinsel** beherrscht der → **Brandon Mountain**, der nahezu 1000 Meter über der Küste aufragt. Unser Weg führt durch die imposante Ostseite des Berges. Steile Felswände, Wasserfälle und unzählige Seen bestimmen hier das Bild, ehe einen am alles überragenden Gipfel die grenzenlose Aussicht in ihren Bann zieht.

Der Wegverlauf

Rechts oberhalb des Bauernhofes von **Faha** sehen wir ein Hinweisschild zum Brandon Mountain, das direkt hinter der Farm nach links leitet. Wir gehen an der Mauer des Gehöfts entlang und erreichen gleich danach ein weiteres

Auf den Brandon Mountain 14

Vom Gipfel des Brandon Mountain geht der Blick hinab in das Tal, durch das der Aufstiegsweg verläuft.

Hinweisschild. Nachdem wir ein kleines Holztürchen durchquert und danach wieder verschlossen haben, befinden wir uns auf einer freien Weidefläche. Direkt vor uns ragt die schöne Felspyramide des Brandon Peak auf. Schräg oberhalb von uns befindet sich, von einer Baumgruppe umgeben, ein Heiligen- und Marienaltar, an dem die jährlichen Wallfahrten beginnen. Wir gehen hinter dem kleinen Gatter schräg rechts aufwärts über die Weidefläche und dann durch eine Lücke in der Steinmauer auf die nächste Wiese. Wir folgen der Mauer, bis wir den Eingang zum umzäunten Gelände rund um den **Altar** erreichen.

An dieser Stelle beginnt der lediglich am Anfang schwach ausgeprägte **Wallfahrtsweg**, der durch die felsige Ostflanke zum Gipfel des Brandon Mountain hinaufzieht. Auf dem ersten Abschnitt des Weges gilt es, den Hang eines Vorgipfels immer schräg links aufwärts in Richtung Südwesten zu queren. Orientierungsprobleme gibt es hier keine, denn der Weg ist meist deutlich ausgetreten, und zusätzlich sind für die Wallfahrer unübersehbare, rotweiße Richtungspfähle angebracht worden. Die Brandon Bay liegt schon bald tief unter uns, und bei Ebbe schimmert der Schlick des Watts zu uns herauf. Hinter der Sandhalbinsel von Castlegregory mit ihren vorgelagerten Inselchen zeichnet sich deutlich die Küstenlinie von Nordkerry bis hinauf zu den Kaps an der Shannon-Mündung im Morgendunst ab.

Steile Felswände umgeben das seenerfüllte Tal, durch das der herrliche Ostanstieg auf den Brandon Mountain führt.

Allmählich biegt der Weg in westlicher Richtung in das Tal ein, das uns den Weg zum Brandon Mountain vorzeichnet. Die mit Grasbändern durchzogenen Steilwände der Nordostflanke des

14

Nach einem steilen Schlussanstieg erreicht man den Gipfel des Brandon Mountain, von dem man eine grenzenlose Aussicht hat.

Brandon Peak rücken immer näher. Unter uns tauchen die ersten Seen auf, die wie eine Treppe das ganze Tal erfüllen. Die Eiszeit hat auf dieser Seite des Berges ihre deutlichen Spuren hinterlassen. Man kann sich gut die Gletscher vorstellen, die an den Wänden genagt und mit ihrer Masse die Becken ausgeschürft haben, in denen heute die vielen kleinen Seen liegen. Kein Wunder also, dass in diesem Tal Wissenschaftler zum ersten Mal in Irland die Formungsvorgänge erkannten, die während der Eiszeit diese wilde Landschaft entstehen ließen.

Der Brandon Mountain zeigt sich nun zum ersten Mal mit seinen abschreckenden Wänden, die ein beliebter Spielplatz für irische Kletterer sind, als spitzer Felsgipfel. Unter Felswänden quert der Weg ohne Steigung durch den nordöstlichen Talhang und gibt uns die willkommene Gelegenheit, unsere Kräfte zu regenerieren und das einzigartige Landschaftsbild in uns aufzunehmen. Der Steig schlängelt sich um Felsbrocken, die von Weiß über Gelb und Grün bis Purpur in allen möglichen Farben aufleuchten. Vor uns türmt sich der hohe Talschluss auf, den wir auf einer steilen Grasrampe rechts des Brandon Mountain durchsteigen müssen. Von hier sieht dieser Abschnitt des Weges schwieriger aus, als er dann in Wirklichkeit ist.

Dort wo der Steig im hintersten Abschnitt des Glens auf den **Talgrund** leitet, erwartet uns ein erster kleiner See. Ab hier führt unser Weg einige Zeit durch ein Felskuppen- und Felsblockgewirr. Markierungsstangen, Steinmänner und weiße Markierungspfeile lassen aber keinen Zweifel an der Wegführung aufkommen. Ein kleiner Bach schießt durch eine vom Eis der Gletscher ausgeschürfte Rinne herab, und an den abgerundeten und unterhöhlten Felsbuckeln läßt sich die Kraft der eiszeitlichen Gletscher erkennen, die hier die Landschaft gestaltet haben.

An einigen weiteren Seen führt uns der Weg noch vorbei, ehe wir den steilen Schlussanstieg zur Scharte nördlich des Brandon Mountain erreichen. In vielen Kehren leitet der Steig durch die furchteinflößende **Steilflanke**. Doch nur im obersten Teil verlangen einige kurze, abgerutschte Wegstücke Trittsicherheit und erhöhte Vorsicht. Kurz unter der Scharte bietet ein windgeschütztes Plätzchen einen ausgiebigen Blick zurück.

Erst von hier ist die Vielzahl der schillernden Seen, die das felsumkränzte Tal unter uns ausfüllen, zu erkennen. Tief unten liegt das Tal des Owenmore River mit weiteren Seen, und dahinter türmen sich über der Connor-Passstraße Berge auf, von deren steilen Flanken Wasserfälle herunterstürzen. Im **Sattel** unter dem Gipfel des Brandon Mountain stehen mehrere Richtungsstangen, an denen sogar ein deutschsprachiges Schild darauf hinweist, dass hier der Abstieg durch die Steilflanke beginnt. Ein schneidender Westwind fährt uns in die Haare, aber der Blick über die Klippen und Buchten von West-Dingle bis hin zu den weit entfernten, markanten → **Skellig-Inseln** entschädigt für das grimmige Wetter. Tief unten liegt der kleine Lough Eightragh, und dahinter zieht der Rücken in Richtung Gipfel, über den der Westanstieg auf den Brandon Mountain verläuft. Wir steigen jetzt nach links den breiten Weg an der Oberkante der steilen Ostwände hinauf. Schon nach kurzer Zeit erreichen wir den kreuzgeschmückten Gipfel des **Brandon Mountain** (952 m).

Das mächtige Massiv des Brandon Mountain beherrscht den westlichen Teil der langgezogenen Dingle-Halbinsel.

Direkt auf dem höchsten Punkt stehen die Grundmauern des Gebetshauses des heiligen Brandon. An der Stirnseite ist noch die Andeutung einer Altarplattform zu erkennen, auf der anlässlich der Wallfahrten die Messe gelesen wird. Verschleiert keine Wolke den Gipfel, kann man einen der schönsten und umfassendsten Ausblicke genießen, den die irische Bergwelt zu bieten hat. Bei klarer Luft ist weit im Norden der Verlauf der Küste bis hinauf zu den → **Cliffs of Moher** zu erkennen. Etwas Vorsicht sollte man im Gipfelbereich walten lassen und nicht zu nahe an die Ostwand herangehen, denn ein Absturz über die steile Flanke würde erst einige hundert Meter tiefer, im Tal unten, gebremst werden. Lange hält uns die herrliche Aussicht auf dem weit ins Meer vorgeschobenen Gipfel, ehe wir auf dem Aufstiegsweg zu unserem Ausgangspunkt in **Faha** zurückkehren.

15 Der Mount Eagle

Slea Head – Beenacouma – Mount Eagle – Beenacouma – Slea Head.

Karte: A 8

 leicht
 7 km
 3 Std.
 ↑ 450 m ↓ 450 m
☺ ja

Tourencharakter: Einfache Bergtour in weglosem Gelände. Wunderschöne Ausblicke auf Meer, Inseln und die benachbarte Iveragh-Halbinsel.
Beste Jahreszeit: Das ganze Jahr über möglich.
Ausgangs-/Endpunkt: Der Parkplatz circa 500 Meter nördlich des Slea Head an der R559.
Wanderkarte: OS-Karte 1:50 000, Blatt 70.
Markierung: Nur anfangs die stilisierten gelben Wanderer des Dingle Way.
Verkehrsanbindung: Von Dingle Town auf der R559 entlang der Südküste in circa 17 km zum Slea Head. Auf schmaler Straße um das madonnengeschmückte Kap und nach 500 Metern links auf den ersten großen Parkplatz über der Coumeenoole Bay. Busverbindungen zum Slea Head von Ende Juni bis Anfang September fünfmal pro Woche ab Dingle Town. Busverbindungen in das nördlich des Ausgangspunktes gelegene Dunquin zwei- bis dreimal täglich ab Dingle Town. Busverbindung nach Dingle Town dreimal täglich ab Tralee. Im Juli und August tägliche Busverbindung zwischen Killarney und Dunquin.
Einkehr: Keine.
Unterkunft: Einige B&B's an den Zufahrtsstraßen zum Slea Head, größeres Angebot in Dunquin, Ventry und Dingle Town. Jugendherbergen in Dunquin, Ventry und Dingle.
Auskunft: TI-Office in Dingle Town, Tel. (066) 5 11 88 (geöffnet von Mai bis Oktober).

Vor der Kreuzigungsgruppe am Slea Head liegen die Blasket-Inseln im Atlantik.

Über der Westspitze der → **Dingle-Halbinsel** ragt der breite Rücken des Mount Eagle auf. Eine einfache und doch ungemein schöne Wanderung führt auf diesen harmlosen Berg. Der Blick schweift über die herrliche Küstenlinie zu den sturmumbrausten → **Blasket-Inseln** und zu den berühmten Felsspitzen der → **Skellig-Inseln**.

Der Wegverlauf

Vom Parkplatz gehen wir auf der Straße ein kurzes Stück zurück in Richtung Slea Head, bis links ein Feldweg abzweigt. Neben einem Tor hilft eine Leiter über den Zaun in offenes Weideland. Die Markierungen des **Dingle Way** leiten uns anschließend in einem Bogen durch den Hang aufwärts. Kurz bevor

Der Mount Eagle

Während des Aufstieges vom Slea Head zum Mount Eagle eröffnen sich immer neue Blicke auf die Küste und die vorgelagerten Inseln.

der Weitwanderweg oben auf dem Bergkamm über einen Zaun führt, biegen wir auf einen Feldweg ab, der links des Kamms in Serpentinen aufwärts führt. Am Ende des Feldweges gehen wir durch das Tor und dann rechts zur nahen zaungekrönten Steinmauer hinauf. Sie leitet uns am Bergkamm entlang aufwärts auf den nächsten Hügel.

Vor uns liegt der felsdurchsetzte Hang, der auf den Beenacouma führt. Entlang einer alten, halbverfallenen Steinmauer passieren wir die Überreste einiger alter Steinhütten. Die Mauer löst sich am Gipfelhang auf, und wir müssen uns für ein kurzes Stück durch ein Heidekraut- und Felstrümmergewirr den Weg nach oben suchen. Vom Gipfel des **Beenacouma** (424 m) verlaufen wieder Steigspuren in Richtung des Mount Eagle. Die → **Blasket-Inseln** liegen schon tief unter uns, und hinter Great Blasket taucht die beeindruckende scharf geschnittene Spitze der Tearaght-Inseln auf. Entlang der Überreste einer alten Steinmauer und später eines Grabens gehen wir nun bequem über einen Vorgipfel hinauf zum Hauptgipfel des **Mount Eagle** (516 m). Der Blick öffnet sich nach Norden zum → **Brandon Mountain** und auf die herrliche Küstenlandschaft rund um Smerwick Harbour. Gehen wir am Vermessungszeichen auf dem Gipfel des Mount Eagle vorbei ein kurzes Stück Richtung Nordosten, können wir in das Kar mit dem schönen Mount Eagle Lough hinunterschauen.

Vom Gipfel steigen wir der Aufstiegsspur folgend zum **Ausgangspunkt** ab. Wie auf einem Inselberg, links die Dingle Bay und rechts die Weite des Atlantischen Ozeans, gehen wir immer in Richtung der markanten → **Skellig-Inseln** abwärts.

16 An den Cliffs of Moher

Besucherzentrum – Cliffs of Moher – Hag's Head – Cliffs of Moher – Besucherzentrum

Karte: B 6

 leicht

 9 km

 3 Std.

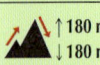 ↑ 180 m ↓ 180 m

 ja

Tourencharakter: Herrliche Tour am Rande der nahezu 200 Meter senkrecht ins Meer abfallenden Klippen. Abseits vom Besucherzentrum überraschend einsam. Vor allem mit Kindern und bei Sturm Vorsicht am Klippenrand.
Beste Jahreszeit: Das ganze Jahr über möglich.
Ausgangs-/Endpunkt: Der Parkplatz am Besucherzentrum der Cliffs of Moher.
Wanderkarte: OS-Karte 1:50 000, Blätter 51 und 57.
Markierung: Die stilisierten gelben Wanderer des Burren Way.
Verkehrsanbindung: Der Parkplatz an den Cliffs of Moher liegt an der R478, die Lahinch mit Lisdoonvarna verbindet. Während der Sommermonate (Juli und August) mehrmals täglich Busse von Limmerick über Lahinch und Liscannor zum Besucherzentrum an den Kliffs und weiter nach Doolin. Während der übrigen Monate fünf Busse wöchentlich. Im Juli und August mehrmals täglich Busse von Galway nach Doolin sowie mehrmals wöchentlich Busse von Dublin nach Doolin und Lahinch. Im Juli und August wochentags ein Bus von Galway nach Lahinch.
Von Doolin starten in den Sommermonaten Fähren zu den Aran-Inseln.
Einkehr: Keine.
Unterkunft: Hotels und B&B's in Lahinch, Liscannor und Doolin. Mehrere Jugendherbergen in Liscannor und in Doolin.
Campingplätze in Lahinch, Liscannor und Doolin.
Auskunft: TI-Office im Besucherzentrum an den Cliffs of Moher, Tel. (065) 8 11 71 (geöffnet von Mai bis Oktober).

Die 200 Meter senkrecht ins Meer abfallenden → **Cliffs of Moher** gehören zu den bekanntesten Landschaftsbildern in Irland, und dementsprechend groß ist der Andrang rund um das Besucherzentrum. Doch schon einige hundert Meter abseits kann man die herrliche Klippenlandschaft ungestört genießen und die in den Steilwänden nistenden Vögel beobachten.

Der Wegverlauf

Vom Parkplatz am **Besucherzentrum** gehen wir auf dem breiten Weg vor bis an den Rand der Klippen. Eine braune Sandsteinplattform liegt unter uns, die überhängend zum gut 150 Meter tieferliegenden Meer abbricht und eine atemberaubende Aussicht bietet. Der Weg zum Aussichtspunkt am O'Brien's Tower, auf dem sich die Besucherströme kanalisieren,

An den Cliffs of Moher

führt rechts hoch. Wir aber überklettern eine Mauer und ersteigen auf einem deutlichen Pfad den Hügel links der großen Sandsteinplatte. Noch vor wenigen Jahren verlief der Weg näher am brüchigen Klippenrand. Heute endet diese alte Spur abrupt an einer frischen Abbruchstelle. Ein Zeichen der ständigen Veränderungen am Kliff und eine deutliche Warnung für uns, nicht zu nahe an die Abbruchkante zu gehen.

Mit wenigen Leuten müssen wir hier die Aussicht teilen. Im Norden erhebt sich das Kliff 200 Meter hoch, und obenauf steht der O'Brien's Tower, zu dem sich der bunte Bandwurm der Ausflügler hochzieht. Auf dem davorliegenden Felskamm, dem Goat Island, tummeln sich die Seevögel, und links durchsticht die Branaumore genannte Felsspitze die Wasserfläche des Atlantik. Weit im Norden verschwimmen die **Aran-Inseln** zu einer einzigen Insel, über die die Berge von → **Connemara** spitzen.

Auf unserem Weiterweg nach Süden ist zuerst eine Steinmauer zu überklettern, ehe wir entlang von Zäunen und der eigenartigen Mauern, die aus aufgerichteten Steinplatten und einem Erdwall bestehen, den nächsten Hügel erreichen. Wir haben meist die Möglichkeit, entweder knapp an der Abbruchkante zu wandern oder einige Meter im Landesinneren, hinter den Sicherheit versprechenden Mauern und Zäunen. Auf jeden Fall aber vermeiden wir es, die mühsam aufgerichteten Abgrenzungen, die das weidende Vieh vor einem Absturz bewahren sollen, beim Überklettern zu beschädigen.

Mit 179 Metern erreichen auf dem nächsten Hügel, dem **Mothar a Thairbh** (Bullenkliff), die Cliffs of Moher ihre größte Höhe entlang unserer Wanderung zum Hag's Head. Wild umschäumt das Meer einige Felsen, die tief unten vor den Kliffs liegen und deren verborgene Spitzen schon

16

Am Beginn der Wanderung bietet eine Sandsteinplattform am Rande der Klippen einen atemberaubenden Tiefblick.

Nahe dem Hag's Head durchbricht ein Naturbogen die Kliffwände, an denen unzählige Vögel brüten.

16

Entlang der bis zu 180 Meter hohen Steilwände, mit denen die Cliffs of Moher ins Meer abbrechen, wandern wir zum Hag's Head.

manchem Boot zum Verhängnis wurden. Nur der Donald's Rock ragt unübersehbar aus den Wellen.

Immer auf dem deutlichen Trampelpfad, durch einen ersten Steinbruch, setzen wir unseren Weg nach Süden fort. An einigen Kliffbiegungen bieten sich gute Einblicksmöglichkeiten in die Brutkolonien der verschiedenen Vogelarten, die sich bis zur Oberkante der Kliffs hochziehen. Teilweise zum Greifen nahe sitzen die Vögel in ihren spärlichen Nestern. Nicht umsonst heißt dieser Abschnitt **Cliffs of the Birds**, das Vogelkliff.

Bunt blühen im trockenen Gelände entlang der Kliffs verschiedene Blumen, und links schneidet sich hinter den grünen Weiden der Kliffhügel die Bucht von Liscannor tief in das Land. Südlich erstreckt sich der Küstenverlauf bis zur Mündung des Shannon, und die klare Sicht am heutigen Tag lässt uns den → **Brandon Mountain** auf der → **Dingle-Halbinsel** erahnen. Auf halbem Weg zum Hag's Head erreichen wir den **Branaunbeg** genannten Hügel, vor dem die Wellen um die Bootsfallen der nahe der Wasseroberfläche versteckten Riffs spielen.

Unmerklich verlieren die Kliffs allmählich an Höhe, aber immer noch trennen uns gut hundert Meter von der Wasserfläche des Meeres. Ein weiterer kleiner Steinbruch, von dem eine Straße nach links ins Landesinnere führt, liegt auf dem Weg. Das Hag's Head vor uns zieht mit seinen filigranen Felstürmen ins Meer hinaus. Noch ein Stückchen näher zu uns durchbricht ein schöner Naturbogen den senkrechten Wall der Kliffs, und weiße Streifen zeigen uns an, daß sich dort eine größere Vogelkolonie befindet.

Ein alter Wachturm überragt das Hag's Head, auf dem sich im Frühjahr ein bunter Blumenteppich ausbreitet.

Im jetzt folgenden größeren Steinbruch am Weg können wir uns die wie die Seiten eines Buches übereinanderliegenden Steinplatten genauer betrachten. Lediglich zentimeterdick sind sie, und auf ihrer Oberfläche

An den Cliffs of Moher

Tipp: Nördlich der Cliffs of Moher liegt das kleine Dörfchen Doolin, das sich seit den 70er-Jahren zu einem internationalen Treffpunkt entwickelte. Im „O'Connor's" und im „McGann's", den beiden führenden Pubs von Doolin, treffen sich jeden Abend Musiker zum zwanglosen Zusammenspiel und machen das Dorf zu einem Mekka der irischen Volksmusik.

tragen sie eine Zeichnung, die uns wie eine alte Schrift erscheint. Entstanden sind diese „Buchstaben" durch Tiere, die sich vor über 300 Millionen Jahren ihren Weg durch den frisch abgelagerten Schlick bohrten, ehe dieser durch den Druck immer neuer Ablagerungen zu festem Stein umgewandelt wurde.

Nach dem Steinbruch können wir durch den nun schon nahen Naturbogen sehen, und ein frischer Wind treibt die Gischt der Meeresbrandung zu uns herauf. Immer in leichtem Auf und Ab über die kleinen Hügelchen an der Kliffkante, vorbei an zwei weiteren kleinen Steinbrüchen, erreichen wir den kurzen Hang, der uns zum alten Wachturm am **Hag's Head** hinaufführt. Die Cliffs of Moher, die sich von hier auf einer Länge von acht Kilometern nach Norden ziehen, bieten vom Turm aus einen überwältigenden Anblick. Vom Hag's Head nach Süden, in Richtung Liscannor Bay, nimmt die Höhe der Kliffs schnell ab.

Zum Meer hinunter streicht ein mit Felstürmen besetzter Kamm, auf dem wir, ein schmales Steiglein benutzend, noch ein wenig absteigen. Durch eine Schlucht, die einen großen Felsturm spaltet, gelangen wir zu der eigenwillig geformten Felsspitze, dem das Kap seinen Namen verdankt. Wie eine versteinerte Hexe starrt der Turm hinaus auf das Meer. In zunehmend schwierigem Gelände klettern wir noch bis zu einer Felsplattform am Kap, nur 30 Meter über der Wasserfläche. Unter uns tobt das Meer, und erst am nächsten Tag sehen wir vom Hafen von Doolin aus, daß wir hier auf dem Dach eines Naturbogens standen.

Über eigenartig verwitterte Felsen und bunte Blumenteppiche steigen wir wieder nach oben zum Turm auf dem Hag's Head. Noch lange bleiben wir anschließend an den alten Tower gelehnt sitzen und lassen uns die steife Brise durch die Haare wehen. Kein Mensch stört hier, nur fünf Kilometer vom Massenauflauf am O'Brien's Tower entfernt, unsere Ruhe. Für den Rückweg zum Besucherzentrum wählen wir wieder den Weg entlang der Klippen, die im Abendlicht in weichen Braun- und Rottönen über dem tiefblauen Meer aufleuchten.

17 Durch die Burren

Fanore – Dobhach Bhrainin – Gleninagh Mountain – Burren Way –
Fanore Beg – Fanore   Karte: C 5/6

 leicht

 19 km

 6 Std.

 ↑ 540 m ↓ 540 m

😊 ja

Tourencharakter: Teils auf alten Wegen, teils weglos über die eigenwillig geformten menschenleeren Karstberge. Am Weg liegen verlassene Dörfer und keltische Ringforts, und von den Gipfeln bieten sich weite Ausblicke.
Beste Jahreszeit: Das ganze Jahr über möglich.
Ausgangs-/Endpunkt: Der Parkplatz am Strand von Fanore.
Wanderkarte: OS-Karte 1:50 000, Blatt 51.
Markierung: Ab dem Caher River 4 km die stilisierten gelben Wanderer des Burren Way.
Verkehrsanbindung: Fanore liegt an der Küstenstraße R477, die in Lisdoonvarna, bzw. Ballyvaghan von der N67 abzweigt.
Mehrmals wöchentlich Busse von Galway und Doolin nach Fanore.
Einkehr: In Fanore.
Unterkunft: B&B's in Fanore. Eine Jugendherberge in Fanore. Campingmöglichkeit an der Jugendherberge oder auf voll ausgerüstetem Platz am Strand von Fanore.
Auskunft: Keine.

Im Nordwesten der Grafschaft Clare erheben sich über dem Meer die eigenwilligen Karstberge der → **Burren**. Die artenreiche Fauna, zahllosen historischen Monumente und die bizarren Felsflächen versprechen eine abwechslungsreiche Wanderung über die Höhen dieser einzigartigen Landschaft.

Die Reste des keltischen Ringforts Cathair Dhuin Irghius heben sich kaum von den Karstflächen der Burren ab.

Der Wegverlauf

Vom Parkplatz am Strand von **Fanore** gehen wir zur Straße und auf dieser nach links. Nach circa 500 Metern überqueren wir den Caher River und wechseln nach weiteren 250 Metern bei erster Gelegenheit rechts auf eine Schotterstraße. Diese Straße gehen wir bergauf, bis sie bei einem neuen Haus zur Rechten nach rechts abbiegt. In ihrer geraden Verlängerung beginnt die Green Road, der alte Weg um das Black Head.

Wir überklettern die niedrige Steinmauer am Beginn des alten Pfades, der anfänglich stark zugewachsen ist. Die ersten Meter gehen wir noch oberhalb der **Green Road**, deren Verlauf aber schon klar erkennbar ist, denn zu beiden Seiten wird sie von hohen Steinmauern begrenzt. Fast eben wandern wir nach Norden und übersteigen einige Steinmäuerchen. Kurz vor dem **Black Head** wird der Hang, den wir

Durch die Burren 17

entlangwandern, zusehends steiler. Doch die alte Straße quert ihn immer in gleichbleibender Höhe. Rechts des Weges entspringt zwischen Kalkplatten in einer Eichen- und Farnkrautwildnis eine ergiebige Karstquelle, und kurz darauf steigt die alte Straße unterhalb eines Felsabbruches auf wenigen Metern etwas steiler an.

Auf dem anschließenden Flachstück wandern wir noch kurz weiter und verlassen dann den Weg nach rechts. Unser Ziel ist der runde Hügel rechts über der Straße, an dessen rechter Seite ein Steinmann zu erkennen ist. Oben auf dem Hügel beginnt eine weite Karrenfläche, in deren Mitte sich das **Cathair Dhuin Irghius** (Ringfort des Irghius) befindet. Über die Karstfläche, die von einem engmaschigen Netz von Rissen durchzogen ist, erreichen wir schnell das alte Steinfort. Rund um die Ringmauer stecken spitze Steinplatten in den Gesteinsspalten, die vielleicht schon von den keltischen Erbauern zur Abwehr von Angreifern platziert wurden. Am Ringfort sind die Jahrhunderte seit seiner Errichtung nicht spurlos vorübergegangen. Dennoch geben die Mauerreste einen guten Eindruck der ursprünglichen Anlage. Zum Teil ist der Wall noch an die vier Meter hoch und der Rundlauf im Inneren deutlich zu erkennen.

Ein alter Weg bringt uns zu den Karstbergen über dem Black Head, auf denen mehrere keltische Ringforts liegen.

Unser nächstes Ziel, der mit Steilstufen garnierte Nordwestgipfel des Gleninagh Mountain, ragt über dem Fort auf. An der schwächsten Stelle der Felsabbrüche durchzieht eine Steinmauer den Hang. Über die flachen Karrenfelder südöstlich des Forts, eine querende, wackelige Steinmauer überkletternd, wandern wir zum Steilabbruch. Problemlos folgen wir der rechts aufwärts

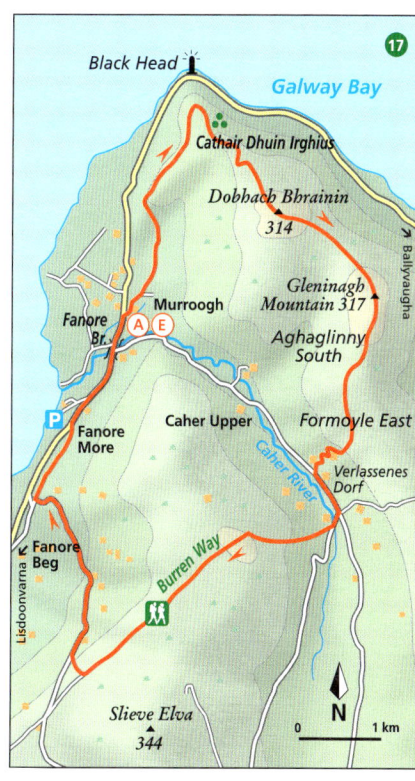

führenden Steinmauer. Wir erreichen ein kleines Kalkplateau, von dem aus wir, immer in südöstlicher Richtung, auf den noch nicht sichtbaren Gipfel zusteigen. Immer wieder wechseln sich kurze Steilabbrüche, die sich allesamt leicht überwinden lassen, mit flachen Karrenfeldern ab, ehe wir den großen Steinhügel auf dem in gälischer Sprache **Dobhach Bhrainin** (314 m) genannten Nordwestgipfel des Gleninagh Mountain erblicken. Der künstlich aufgeschüttete Hügel ist hier im flachen Gipfelbereich eine nicht zu verfehlende Landmarke. Vom Hügel haben wir die vielleicht schönste Aussicht auf unserer heutigen Wanderung.

> **Special**
> In Karstgebieten wie den Burren versickert das Regenwasser im Untergrund und bildet dort weit verzweigte Höhlensysteme. Wer im Bridge Hostel (Tel. 0 65/7 61 34) in Fanore übernachtet, der kann einige dieser Höhlen auf eigene Faust erkunden. Im Hostel erhält man Tipps für geeignete Ziele und kann zusätzlich die erforderliche Ausrüstung ausleihen.

Im Südosten liegt unser nächstes Ziel vor uns, das keltische Ringfort auf dem **Ostgipfel des Gleninagh Mountain** (317 m), der auch den Namen **Aghaglinny South** trägt. Über den Sattel, der uns von diesem Gipfel trennt, wandern wir auf lockeren Kalkplatten nach Osten. Schnell erreichen wir den steilen Hang, den wir rechts haltend zum Aghaglinny Mountain erklettern. Vom Ringfort, das durch seinen ovalen Grundriss und den künstlich aufgeschütteten Erdwall auffällt, wenden wir uns nach rechts (Süden) und marschieren über den breiten Rücken auf eine flache Kuppe mit einer Steinmauer obenauf zu. Wir überklettern die Steinmauer und halten uns anschließend oberhalb der Mauern auf der rechten Seite des Rückens, der das Caher-Tal östlich begrenzt.

Vorbei an verlassenen Dörfern durchqueren wir das Tal des Caher River und steigen zu den aussichtsreichen Hängen des Slieve Elva hinauf.

Bald können wir unter uns die Ruinen eines verlassenen Dorfes erkennen, das auf halber Hanghöhe zwischen Laubbäumen liegt. Wir marschieren noch für kurze Zeit an der Mauer entlang, bis wir sie nach rechts überqueren und im steilen Hang leicht abwärts bis zu einer weiteren Steinmauer wandern, die uns in Falllinie zum verlassenen Dorf **Caherbannagh** hinunterführt. Während der großen Hungersnot und den darauf folgenden Auswanderungswellen wurde diese Ansiedlung verlassen. Am unteren Ende des großen Platzes zwischen den Ruinen durchqueren wir das rechte der beiden Metalltore. Daraufhin wenden wir uns nach rechts und gehen an zwei Durchlässen durch die nächsten

Durch die Burren

beiden Steinmauern. Anschließend müssen wir, immer den Hang ungefähr auf gleicher Höhe querend, noch zweimal niedrige Mauern überklettern, ehe wir auf einen deutlichen Weg gelangen.

Nur wenige Meter gehen wir nach links hinab und erreichen ein weiteres verlassenes Dorf. Ein schöner Weg führt uns nun in Serpentinen in das Tal des **Caher River** hinunter. Auf dem Zufahrtsweg einer Farm haben wir noch wenige hundert Meter vor uns bis zur Teerstraße im Caher-Tal. Wir wenden uns auf der Straße nach links. Nach etwa 300 Metern treffen wir auf einen Markierungspfahl des **Burren Way** und gehen dort rechts auf einem Sträßlein zum Caher River hinunter. Auf der gegenüberliegenden Seite des Flusses verlassen wir die Straße nach rechts, einem Schild mit der Aufschrift Green Road folgend. Rechts unseres Weges stehen wieder einige Ruinen.

Der Weg durch die Burren führt uns an mehreren verlassenen Siedlungen vorbei.

Zu Beginn ist der Weg stark mit Büschen und Bäumen überwuchert, doch schon nach wenigen Metern liegt die alte **Green Road** vor uns, die in Kurven steil über den Hang nach oben läuft. Am höchsten Punkt des Weges müssen wir eine Steinmauer überklettern. Vor uns liegt der Slieve Elva, die höchste Erhebung in den Burren. Die Green Road quert fast ohne Höhenverlust den Westhang des **Slieve Elva**. Nach etwa 1,5 Kilometern erreichen wir ein Metalltor.

Kurz davor sind auf einem kleinen Hügel rechts des Weges und im Gelände darunter die Reste mehrerer Ringforts zu erahnen. Einhundert Meter nach dem Metalltor überklettern wir die Mauer zur Rechten des Weges und steigen zu den Resten einer alten **Burg** hinunter.

Unterhalb der Ruine wenden wir uns auf einer schmalen, kaum befahrenen Teerstraße nach rechts. Durch grünes Weidegelände wandern wir auf ihr zwei Kilometer bergab. Kurz vor Erreichen der Küstenstraße zweigt rechts ein Feldweg ab, der ebenfalls als **Green Road** ausgeschildert ist. Nach einem Kilometer mündet dieser Weg in die Hauptstraße. Rechts erreichen wir nach wenigen hundert Metern den Parkplatz am großen Strand von **Fanore**.

18 Inishmore, die größte Aran-Insel

Kilronan – Cill Mhuirbhigh – Dun Aengus – Gort na gCapall – Kilronan
Karte: B 5

- leicht
- 18 km
- 5 Std.
- ↑ 220 m ↓ 220 m
- ja

Tourencharakter: Eine einfache Wanderung zumeist auf breiten Wegen über die von Steinmauern parzellierte Insel. Umkehrpunkt ist das herrlich gelegene Fort Dun Aengus, eines der eindrucksvollsten prähistorischen Bauwerke Irlands.
Beste Jahreszeit: Das ganze Jahr über möglich.
Ausgangs-/Endpunkt: Der Hafen von Kilronan, dem Hauptort von Inishmore.
Wanderkarte: OS-Karte 1:50 000, Blatt 51.
Markierung: Großteils die stilisierten gelben Wanderer des Aran Way.
Verkehrsanbindung: Kürzeste und häufigste Fährverbindung von Rossaveal an der Nordküste der Galway Bay nach Kilronan (mehrmals täglich). Zubringerbusse zur Fähre von Galway aus.
In den Sommermonaten mehrmals täglich Fähren von Galway zu den Aran-Inseln, von Oktober bis Mai nur dienstags, donnerstags und samstags.
Von Mai bis August Fähren von Doolin nördlich der Cliffs of Moher nach Inishmore.
Auf keinen Fähren werden Kraftfahrzeuge befördert.
Flugzeugverbindung mit Aer Arann mehrmals täglich vom Connemara Airport bei Inveran westlich von Galway (Zubringerbusse ab Galway) nach Inishmore.
Auf den Inseln verkehren private Minibusse und Kutschen.
Einkehr: In Kilronan und Cill Mhuirbhigh.
Unterkunft: Gasthäuser und B&B's in und um Kilronan und Cill Mhuirbhigh. Jugendherbergen in Kilronan und eine in Cill Mhuirbhigh.
Einfacher Zeltplatz 2 km nordwestlich von Kilronan am Strand von Mainistir.
Auskunft: In Galway, Tel. (091) 56 30 81 (ganzjährig geöffnet) und am Hafen von Kilronan, Tel. (099) 6 12 63 (März bis Oktober).

Vor der irischen Westküste liegen die Aran-Inseln, umspült von den Fluten des Atlantik. Über → **Inishmore**, die größte und schönste der drei Inseln, führen uns stille Wege durch ein engmaschiges Netz aus Steinmauern. Höhepunkt der Tour ist die in vorgeschichtlicher Zeit auf senkrechten Klippen erbaute Festung Dun Aengus.

Der Wegverlauf

Am Ende der Hafenmole von **Kilronan** (gäl. Cill Ronain) gehen wir bei erster Gelegenheit nach rechts, der Markierung des **Inishmore Way** folgend (stilisierter gelber Wanderer). Wir bleiben auf dem Teersträßchen, das am Strand entlang nach Nordosten führt. Am Ende des Strandes zeigt die Markierung nach links, in das Weideland. Wir folgen dem kleinen Sträßlein, das uns nach kurzer Zeit durch kleinparzelliertes Weideland zum **Loch an Charra** bringt. Noch vor wenigen hundert Jahren war dieser Lagunensee mit dem Meer verbunden, und die Fischer brachten ihre kleinen

Inishomore, die größte Aran-Insel

Boote hier vor den Winterstürmen in Sicherheit. Unser Weg leitet uns zwischen hohen Steinmauern am Nordufer des Sees entlang, ehe wir an dessen Ende eine Weggabelung erreichen, an der wir uns rechts halten.

Nach kurzer Zeit erreichen wir die Küste. Wir überqueren den Sandstrand, an dessen Ende ein weiterer Wegweiser des Inishmore Way nach links zeigt. Wir bleiben aber weiterhin an der Küste und gehen anfänglich auf einem Weg, später auf den zerfressenen Kalkplatten oberhalb des Meeres bis in die nächste Bucht. Gleich zu Beginn dieser Bucht, die den gälischen Namen **Port na Mainistreach** trägt, steht im Wiesengelände oberhalb ein Regenauffangbecken. Rechts davon leitet uns ein von Steinmauern eingeschlossener Weg zur Straße, auf der der nächste Abschnitt unserer Wanderung verläuft.

Vorbei an frühchristlichen Kirchen wandern wir entlang der sanften Nordküste von Inishmore zum Fort Dun Aengus.

Auf der kleinen Nebenstraße halten wir uns rechts und erreichen nach wenigen hundert Metern einen Abzweig, der nach links zum **Teampall Chiarain** beschildert ist. Nur einige Meter oberhalb der Straße steht die Ruine der Kirche, deren älteste Bauteile aus dem 8. oder 9. Jahrhundert stammen. Gewidmet ist das Kirchlein dem heiligen Cirian, der sieben Jahre hier auf → **Inishmore** als Schüler im Kloster des heiligen Edna lebte und später auszog, das berühmte Kloster von Clonmacnoise zu gründen.

Zurück auf der Straße, wandern wir zwischen efeuüberwachsenen Steinmauern weiter nach Westen. Nach einem knappen Kilometer lädt uns eine weitere Hinweistafel, die nach links zum **Teampall Asurnai** weist, zu einem kurzen Ausflug ins Weide-

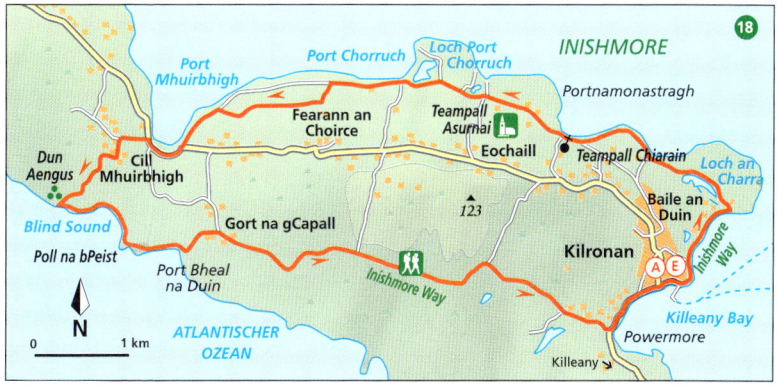

18

gelände ein. Die kleine Kirche, zu der unser kurzer Abstecher führt, ist wahrscheinlich eines der ältesten erhaltenen christlichen Bauwerke auf Inishmore. Zurück auf der Straße, liegt noch ein knapper Kilometer zur **Port Chorruch** genannten Bucht vor uns.

Von der Bucht folgen wir noch einen knappen Kilometer der Straße. Nach zwei auffälligen Wasserauffangbecken links und rechts der Straße zweigt ein Weg zwischen hohen Steinmauern nach links ab, der durch eines der Zeichen des Inishmore Way gekennzeichnet ist. Dem breiten Weg, der sich durch die Kalkfelsabbrüche nach oben schlängelt, folgen wir nur 100 Meter bergauf. Noch bevor wir eine anschließende Ebene erreichen, führt ein kleiner Pfad direkt oberhalb des zweiten Felsabbruches nach rechts (wieder Zeichen des Inishmore Way). Unter uns liegt die Nordküste von Inishmore ausgebreitet, und auf einem Hügel vor uns thront das Fort Dun Aengus. Der Pfad geht bald in einen Weg über, und von einem weiteren Hinweiszeichen geleitet, wandern wir an einer Gabelung nach rechts zur Straße hinunter.

Ein Angler versucht an der einsamen, vom Meer bizarr zerfressenen Südküste von Inishmore sein Glück.

Auf der Straße müssen wir nur noch ein kurzes Stück nach links marschieren, um den schönen Strand von **Cill Mhuirbhigh** zu erreichen. Über den feinen Sand gehen wir zur Straßengabelung am Westende des Strandes. Wir wandern rechts aufwärts zu den Häusern von Cill Mhuirbhigh und schwenken noch vor dem Ort auf einem Weg nach links. Der Weiterweg hinauf zum Fort Dun Aengus ist jetzt klar vorgezeichnet.

Oben angekommen überqueren wir die ersten beiden Wälle und stehen vor dem mächtigen inneren Zirkel des vorgeschichtlichen **Forts Dun Aengus** (→ **Inishmore**), durch den ein Tor führt. Im Innenraum erwartet uns ein von Mauern umgebenes Wieslein, an dessen Ende Steilkliffs 70 Meter tief in das Meer abfallen. Die Aussicht reicht über die felsige Südküste von Inishmore, der unser Rückweg folgt, bis zu den → **Cliffs of Moher**.

Vom Fort steigen wir nach Osten, immer in der Nähe der steilen Klippen, zur tief eingeschnittenen Bucht **An Sunda Coach** (Blind Sound) ab. Kein Weg führt hier entlang der überhängenden Ab-

Inishomore, die größte Aran-Insel

brüche, doch auf den flachen Kalksteinplatten lässt es sich herrlich wandern. Durch steile Wände von den wasserzerfressenen Klippen getrennt, gehen wir nach Osten. Nach kurzer Zeit liegt das **Poll na bPeist** in den Platten unter uns, ein natürlicher, rechtwinkliger Swimmingpool, der eine unterirdische Verbindung zum offenen Meer besitzt. Bei hohem Wellengang herrscht im Pool ein wahres Inferno, denn von unten drückt das Wasser empor, während oben gleichzeitig die Brandung rollt.

Der Felsabbruch zu unserer Rechten wird permanent niedriger, und bald ist die weite Bucht **Port Bheal na Duin** erreicht, die wir durchqueren. An ihrem Ende sperrt eine Steinmauer den Weiterweg. Circa 30 Meter vor der Steinmauer wenden wir uns nach links ins Landesinnere. Hier beginnt hinter einer niedrigen Steinmauer ein deutlicher Weg, der, unterbrochen von einer weiteren Steinmauer, zum Dorf **Gort na gCapall** hinaufleitet. Durch den halb verfallenen Ort, in dem der berühmte Schriftsteller Liam O'Flaherty geboren wurde, gehen wir bis zur geteerten Zufahrtsstraße. An dieser Stelle wenden wir uns nach rechts.

Wir sind nun wieder auf dem **Inishmore Way**. Im Osten vor uns liegt ein breiter Rücken, zu dem unser Schotterweg in weiten Kurven emporführt. Bald stehen wir am Rand der Hochfläche, die vom Rücken nach Osten zieht. Schnurgerade verläuft hier der Weg in leichtem Auf und Ab durch das steinmauerverzierte Weideland. Am Ende der Hochfläche wird dann der Blick frei auf unseren Ausgangspunkt, den Hafenort Kilronan (gälisch Cill Ronain). Anfänglich in Kurven durch steileres Gelände, später geradeaus, gehen wir in Richtung Meer hinab. Der Weg geht jetzt wieder in eine Teerstraße über, und zwischen den ersten Häusern hindurch ist die am Meer entlangführende Hauptstraße zwischen Kilronan und Killeany bald erreicht. Dort halten wir uns links und wandern zum nahen Hafen von **Kilronan** zurück.

Vom berühmten Fort Dun Aengus fallen überhängende Kalkklippen 70 Meter tief zum Meer ab.

19 Der Binn idir an Dá Log

Illion West – Lough Mhám Ochoige – Binn idir an Dá Log –
Lough Mhám Ochóige – Illion West

Karte: B 5

 mittel

 7 km

 3:30 Std.

 ↑ 640 m ↓ 640 m

 nein

Über harmlose Grashänge wandern wir zum einsamen Lough Mhám Ochóige, ehe wir über steile Hänge den Binn idir an Dá Log ersteigen.

Tourencharakter: Eine einsame Wanderung mit herrlichen Ausblicken auf die Berge, Moore und Küsten von Connemara. Anfangs über harmlose Grasflanken, dann durch steiles, schwieriges Gelände zum Gipfel. Im weglosen Gelände benötigt man Orientierungssinn.
Beste Jahreszeit: Mai bis Oktober.
Ausgangs-/Endpunkt: Eine Brücke an der schmalen Straße am Südwestfuß der Maumturk Mountains.
Wanderkarte: OS-Karte 1:50000, Blatt 37.
Markierung: Keine.
Verkehrsanbindung: Von der N59, die Galway mit Clifden verbindet, zweigt circa 2 km westlich der Streusiedlung Recess die R344 nach Norden ab (Beschilderung „Letterfrack" und „Lough Inagh Scenic Route"). Auf dieser Straße circa 5 km, bis wir Waldgelände am Ufer des Lough Inagh erreichen. Einige Meter vor dem Wald liegt rechts der Straße ein kleiner Parkplatz, neben dem eine schmale Holperstraße beginnt. Auf dem Sträßchen an den wenigen Gebäuden von Illion West vorbei und bergab zu einem kleinen Brücklein (ab der R344 circa 3 km), in dessen Nähe wir parken. Am Bach entlang führt die Tour zur tief eingeschnittenen Scharte, die über uns den Kamm der Maumturk Mountains spaltet.
Die einzige öffentliche Verkehrsanbindung sind die Busse, die mehrmals täglich von Galway nach Clifden verkehren (Haltestelle in Recess, von dort langer Anmarsch).
Einkehr: Keine.
Unterkunft: B&B's und Hotels entlang der N59 und der R344. Eine Jugendherberge an der N59 einige Kilometer westlich von Recess und mehrere Jugendherbergen an der N59 in Oughterard und Clifden.
Auskunft: In Clifden, Tel. (095) 2 11 63 (geöffnet Ostern bis Mitte Oktober) und in Galway, Tel. (091) 56 30 81 (ganzjährig geöffnet).

Während das Landschaftsbild im südlichen Teil von → **Connemara** durch sanftes, moorüberzogenes Hügelland geprägt ist, beherrschen den Nordteil wilde Gebirgszüge, die zu den bevorzugten Zielen der irischen Wanderer zählen. Besonders eindrucksvoll ist der geschlossene Quarzitkamm der Maumturk Mountains, auf dessen höchsten Gipfel diese Wanderung führt.

Der Wegverlauf

Special

Am einsamen Ufer des Lough Inagh, über dem die Twelve Bens und die Maumturk Mountains 700 Meter aufragen, liegt in herrlicher Umgebung die Inagh Valley Lodge. Das 1880 erbaute Jagdhaus beherbergt heute ein wunderschönes Hotel, das die gediegene Atmosphäre der alten Zeit verströmt (Tel. (095) 3 47 08).

Von der kleinen Brücke wandern wir durch das breite Tal auf die tief eingeschnittene Scharte Mhám Ochóige zu. Anfänglich etwas rechts, dann direkt am Bach steigen wir bis zum ebenen Boden im Talschluss hinauf. Vorbei an einem kleinen Wasserfall, suchen wir uns in Serpentinen den angenehmsten Aufstiegsweg. Kurz vor der Scharte legt sich der Hang zurück, und wir erreichen einen Weidezaun, der uns rechts hoch zum malerischen **Lough Mhám Ochóige** führt.

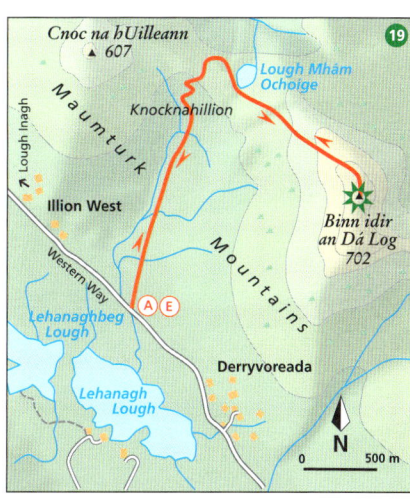

Wir gehen jetzt auf Steigspuren rechts am See vorbei auf einen steilen Hang zu, der von einer Felswand gekrönt wird. Anfangs steigen wir an der rechten Seite des Hanges in einer Rinne etwa 200 Meter bergauf, bis das Gelände felsiger wird. Von hier gehen wir ein Stück unter der Felswand rechts aufwärts. Nach und nach rückt die Felswand über uns nähe; wir erreichen den Rand einer weiten, steilen Mulde. Die Felswand über uns setzt aus, und wir steigen steil nach links auf einen breiten Felsrücken, der uns rechts zum nahen, aussichtsreichen Gipfel des **Binn idir an Dá Log** (702 m) führt. Über den Aufstiegsweg kehren wir zum Ausgangspunkt zurück.

Hinter dem Lough Mhám Ochóige ragen die grünen, einsamen Berge des Joyce Country auf.

20 Auf den Derryclare

Glencoaghan – Lop Rock – Derryclare –
Lop Rock – Glencoaghan

Karte: B 5

 mittel
 6 km
 3:15 Std.
 ↑ 600 m ↓ 600 m
 nein

Tourencharakter: Wundervolle Nah- und Fernblicke auf Berge, Seen und Moore bis hin zum Meer. Meist auf schmalem Steig durch harmloses Gelände, unterbrochen von einem kurzen Steilstück am Lop Rock.
Beste Jahreszeit: Mai bis Oktober.
Ausgangs-/Endpunkt: Das schmale Sträßchen durch das Tal von Glencoaghan.
Wanderkarte: OS-Karte 1:50 000, Blatt 44 und 37.
Markierung: Keine.
Verkehrsanbindung: Von der N59, die Galway mit Clifden verbindet, zweigt circa 6 km westlich von Recess die R341 in Richtung Roundstone ab. Von dieser Kreuzung circa 1 km in Richtung Clifden und nach einem kurzen Anstieg bei einigen Häusern rechts in eine Seitenstraße. Nach gut einem Kilometer über den Glencoaghan River und ansteigend an einigen Höfen vorbei zu einer kleinen Ebene. Am Ende der Ebene, ehe die Straße zu den letzten Häusern im Tal ansteigt, kann man am Straßenrand parken.
Mehrmals täglich Busse von Galway nach Clifden (Haltestelle in Recess oder an der Benlettery-Jugendherberge).
Einkehr: Keine.
Unterkunft: B&B's und Hotels entlang der N59. Die Benlettery-Jugendherberge an der N59 1,5 km westlich des Abzweiges in das Glencoaghan und mehrere Jugendherbergen an der N59 in Oughterard und Clifden.
Auskunft: In Clifden, Tel. (095) 2 11 63 (geöffnet Ostern bis Mitte Oktober) und in Galway, Tel. (091) 56 30 81 (ganzjährig geöffnet).

Die Twelve Bens gehören zu den bekanntesten Berggruppen in Irland. Ein Saum grüner Täler und malerischer Seen umgibt den Fuß der zwölf gleichmäßig geformten Quarzitkegel, die die Landschaft → **Connemaras** prägen. Die schönste und anstrengendste Tour in dieser Berggruppe, deren Anfang wir hier vorstellen, führt rund um das Glencoaghan.

Der Wegverlauf

Von der Straße im **Glencoaghan** wandern wir rechts auf den niedrigen, grünen Rücken. Links über uns strebt die steile, felsige Flanke des Lop Rock in

> **Special**
> Am Südfuß der Twelve Bens liegt, eingebettet in eine waldreiche Landschaft, der malerische Ballynahinch Lake. Am Südufer des Sees wurde im 18. Jahrhundert das Ballynahinch Castle erbaut, das heute ein Hotel beherbergt. Hier kann man sich inmitten der bezaubernden Landschaft von Connemara einmal selbst als Schlossherr fühlen (Tel. (095) 3 10 06).

Nach dem steilen Anstieg zum Lop Rock folgt eine genussvolle Wanderung über den aussichtsreichen Südrücken des Derryclare.

den Himmel, die es nun zu überwinden gilt. Dazu halten wir auf die linke Seite des Steilhangs zu. Am Beginn der steilen Flanke setzt ein tief ausgetretener, erdiger Steig an, der uns durch eine Grasrinne nach oben leitet. Bald legt sich der Hang zurück; ein Steiglein führt uns links hinauf zum Steinmann auf dem **Lop Rock**

Auf den Derryclare

20

Hoch über dem inselübersäten Derryclare Lough bringt uns der Weg über den felsdurchsetzten Südgrat zum Gipfel des Derryclare.

(383 m). Der schwierigste Teil des Anstieges liegt jetzt hinter uns. Klar zeichnet sich unser Weiterweg vor uns ab. Über mehrere Kuppen zieht ein breiter Felsrücken hinauf zum Derryclare. Auf einem Steig gehen wir hinauf zur ersten Kuppe, die schnell erstiegen ist. Danach steilt der Rücken etwas auf, doch die Steigspuren leiten uns, vorbei an einigen Steinmännern, immer sicher bergan. Schnell gewinnen wir im alpin anmutenden Gelände ohne Probleme an Höhe. Bald ist der **Vorgipfel** erreicht, auf dem ein großer Steinmann die Richtung für den späteren Abstieg anzeigt. Nur noch ein Katzensprung trennt uns jetzt vom Steinmann auf dem **Derryclare** (677 m).

Der Blick geht weit über Connemara und das Meer, doch uns begeistern hier vor allem die Nahblicke in die Gruppe der Twelve Bens.

Entlang der Aufstiegsroute steigen wir vom Gipfel wieder hinunter zu unserem **Ausgangspunkt**.

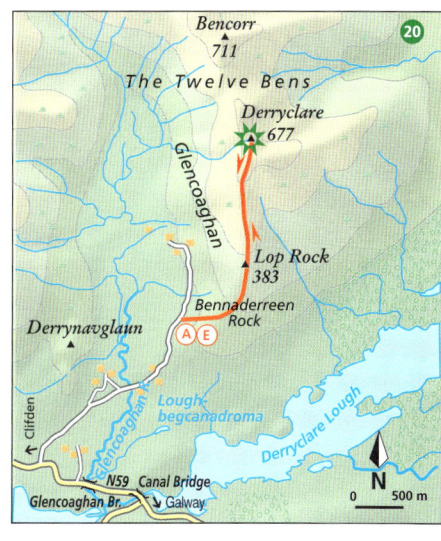

Der Killary Harbour

21

Bunowen River – Killary Harbour – Rosroe – Killary Harbour – Bunowen River. Karte: B 4

- leicht
- 14 km
- 4 Std.
- ↑ 150 m ↓ 150 m
- ja

Tourencharakter: Eine stille Wanderung auf bequemen Wegen am schmalen, von hohen Bergen überragten Meeresarm des Killary Harbour.
Beste Jahreszeit: Das ganze Jahr über möglich.
Ausgangs-/Endpunkt: Ein schmales Sträßchen südlich des Killary Harbour.
Wanderkarte: OS-Karte 1:50 000, Blatt 37.
Markierung: Keine.
Verkehrsanbindung: Auf der N59 von Clifden über Letterfrack in Richtung Leenaun. Circa 8 km östlich der Kylemore Abbey zweigt von der Nationalstraße eine nach Renvyle und Salrock ausgeschilderte Straße ab. Circa 300 Meter weiter in Richtung Leenaun zweigt links (nördlich) eine schmale Straße ab (Hinweisschild des Weitwanderweges Sli Chonamara). Auf der schmalen Holperstraße circa 1,5 km abwärts bis vor ein Tor. Hier wenige Parkmöglichkeiten.
Während der Sommermonate täglich außer Sonntag ein Bus von Clifden nach Leenaun (Haltemöglichkeit am Abzweig von der N59 nach Salrock).
Einkehr: Keine.
Unterkunft: Hotels und B&B's in Leenaun, Letterfrack und an der N59. Eine Jugendherberge am Umkehrpunkt der Wanderung in Rosroe und in Letterfrack. Zwei Campingplätze an der Küstenstraße nördlich von Letterfrack bzw. westlich von Rosroe.
Auskunft: TI-Office in Clifden, Tel. (095) 2 11 63 (geöffnet von Ostern bis Mitte Oktober).

Am Eingang zum schmalen Meeresarm des Killary Harbour liegt abseits vom Touristenstrom der kleine Weiler Rosroe. Dorthin führt, an einigen Ruinen vorbei, ein alter, meist mit Gras und Farn überwucherter Weg, auf dem man problemlos die herrliche Landschaft rund um den einzigen Fjord Irlands erkunden kann.

Ein alter Weg führt uns am Südufer des langgezogenen, von grünen Bergen eingerahmten Killary Harbour entlang.

Der Wegverlauf

Wir gehen durch das **Tor** und dann an einigen Farmgebäuden vorbei in freies Weideland. Ein Stück über dem Wasserspiegel führt uns der Weg hinab in eine kleine **Bucht**. Im Meer schwimmen weiße Pontons, die der Muschelaufzucht dienen. Auf nun

grasbewachsenem Weg wandern wir zum nächsten Landvorsprung. Oberhalb der Wasserfläche führt uns der angenehme Weg zur Felskuppe, die den Eingang in den Fjord auf der Südseite bewacht. Der Weg wird hier teilweise zu einem schmalen Pfad und windet sich rechts durch den Felshang um die Kuppe.

Einigen roten Markierungspfeilen folgend stehen wir bald über den wenigen Häusern von **Rosroe**, zu denen ein kurzer Weg hinunterleitet. Wir gehen auf der schmalen Straße, die an der Killary Bay Little entlangführt, nach links. Nach einem Kilometer knickt die Straße nach rechts. An dieser Stelle gehen wir links durch ein Holztor und steigen durch ein Tal, das an seiner linken Seite von einer Felswand flankiert wird, zu einer **Scharte** hinauf, die herrliche Ausblicke bietet.

 Killary Bay Little heißt der kleine Meeresarm, der südlich von Rosroe ins Land vordringt. Nach ihm ist der Little Killary Adventure Club benannt, der im nahen Salruck verschiedene Outdoorsportarten wie Klettern, Wandern und Kanufahren anbietet (Auskunft: Tel. (095) 4 34 11).

Über grünes Weideland führt uns ein alter Weg am Killary Harbour entlang zum einsamen Weiler Rosroe.

Von der Scharte wandern wir links von einer zaungekrönten Steinmauer in Richtung Killary Harbour abwärts. Nach kurzer Zeit erreichen wir eine große, von einer breiten Steinmauer begrenzte Weidefläche. Noch vor der Mauer überklettern wir den Zaun zu unserer Rechten und gehen anschließend durch ein verrostetes Metalltor nach links auf die Weidefläche hinunter. Zwei rote Pfeile auf den Steinmauern zeigen uns die Richtung. Ein grasbewachsener Weg bringt uns zum breiten Wanderweg am Killary Harbour hinab, auf dem wir rechts zum **Ausgangspunkt** zurückkehren.

22 Von Murrisk auf den Croagh Patrick

Murrisk – Pilgerweg – Croagh Patrick –
Pilgerweg – Murrisk
Karte: B 4

 mittel
 6 km
 3:30 Std.
 ↑750 m ↓750 m
ja

Tourencharakter: Der Anstieg bietet herrliche Blicke auf die inselübersäte Clew Bay und zu den Bergen Mayos. Der breit ausgetretene Pilgerweg ist teils sehr steinig.
Beste Jahreszeit: April bis Oktober.
Ausgangs-/Endpunkt: Der Parkplatz am Beginn des Pilgerweges in Murrisk.
Wanderkarte: OS-Karte 1:50 000, Blatt 30 und Blatt 31 (nur für ein kurzes Wegstück).
Markierung: Keine.
Verkehrsanbindung: Der Wallfahrerparkplatz in Murrisk liegt direkt an der R335, die Westport mit Louisburgh verbindet.
Mehrmals täglich Busse von Westport nach Louisburgh (Haltestelle in Murrisk).
Einkehr: Keine.
Unterkunft: Hotels in Westport und Louisburgh. B&B's in Westport, Louisburgh und entlang der R335. Vier Jugendherbergen in und um Westport. Campingplätze in der Nähe von Westport und Louisburgh.
Auskunft: TI-Office in Westport, Tel. (098) 2 57 11 (ganzjährig geöffnet).

Am Südrand der weiten Clew Bay steht der → **Croagh Patrick**, der heilige Berg der Iren, den alljährlich anlässlich einer Wallfahrt tausende Gläubige besteigen. Doch auch ohne religiöse Motive lohnt der Aufstieg auf diesen isoliert stehenden Quarzitkegel, der herrliche Ausblicke auf das Meer und über den Westen Irlands bietet.

Auf dem breit ausgetretenen Pilgerweg ersteigen wir den heiligen Berg der Iren, der herrliche Ausblicke bietet.

Der Wegverlauf

Über dem großen **Parkplatz** zeichnet sich das weiße Band des breit ausgetretenen Wallfahrtsweges deutlich im dunklen Heidekrauthang ab. Eine schmale Teerstraße bringt uns zur weißen Statue des heiligen Patrick hinauf, an der der Weg beginnt. Im Hintergrund jagen Wolkenfetzen um den eleganten Kegel des Croagh Patrick. Zwar steinig, noch aber in angenehmer Steigung, zieht der Steig entlang eines plätschernden Gebirgsbaches in die Höhe.

Von Murrisk auf den Croagh Patrick

Nach einem etwas flacheren Wegstück steilt der Hang erneut auf. Der geröllübersäte Steig quert nun anstrengend rechts aufwärts, zum Hauptkörper des Croagh Patrick hinüber.

Bald erreichen wir den breiten **Kamm**, der zum Gipfelhang des Croagh Patrick hinüberleitet. In leichtem Auf und Ab können wir hier neue Kräfte für den anstrengenden Schlussanstieg sammeln. Bald stehen wir unter dem steilen Gipfelaufbau, auf dem die Füße der vielen Begeher den Weg zu einer breiten Schuttreiße haben ausufern lassen. Bevor dieser nun rasch steiler wird, steht links noch eine kleine **Wallfahrtsstation**, die von den Pilgern betend umschritten wird.

Eine Statue des hl. Patrick markiert den Beginn des Wallfahrtsweges zum Gipfel des Croagh Patrick.

Wir steigen über das grobe Geröll, das den Weg bedeckt, bis kurz vor den abschreckenden Schuttstrom und verlassen den Pfad nach rechts. Im steilen grasigen Gelände helfen uns Steigspuren in Serpentinen nach oben. Kurz unterhalb des Gipfels queren wir nach links hinüber und erreichen auf dem breiten, steinigen Weg, der am oberen Ende der Schuttreiße beginnt, nach wenigen hundert Metern das überraschend weite Gipfelplateau des Croagh Patrick (764 m).

Ein strenger Wind pfeift vom Atlantik her über den isolierten Gipfel, und wir sind froh um die schmucklose Kapelle, die uns etwas Schutz gewährt. Doch bevor wir uns zum Abstieg rüsten, umrunden wir trotz des zerrenden Sturms die Gipfelebene, um uns die phantastische Rundumsicht nicht entgehen zu lassen.

23 Zum Knockmore auf Clare Island

Pier – Abbey – Knockmore – Lough Leinapollbruty –
Fawnglass – Pier   Karte: B 4

 leicht

 10 km

 3:45 Std.

 ↑ 500 m ↓ 500 m

 ja

Tourencharakter: Die einfache Wanderung auf meist breiten Wegen bietet herrliche Ausblicke auf das Meer und die von Bergen eingefasste Clew Bay.
Beste Jahreszeit: April bis Oktober.
Ausgangs-Endpunkt: Die Hafenmole auf Clare Island.
Wanderkarte: OS-Karte 1:50 000, Blatt 30.
Markierung: Keine.
Verkehrsanbindung: Zwei Fähren ab Roonagh Point (vormittags nach Clare Island, abends zurück; circa 5 Stunden Aufenthalt). Roonagh Point liegt 7 km westlich von Louisburgh bzw. circa 30 km westlich von Westport am Südufer der Clew Bay.
Mehrmals täglich Busse von Westport nach Louisburgh, im Sommer Zubringerbusse von Westport zur Fähre.
Im Sommer zusätzlich Fähren ab Cloghmore an der Südspitze von Achill Island und direkt ab Westport. Auskunft zu den Fähren: Tel. (098) 2 63 07.
Einkehr: Am Hafen von Clare Island.
Unterkunft: Ein Hotel und einige B&B's auf Clare Island.
Auskunft: TI-Office in Westport, Tel. (098) 2 57 11 (ganzjährig geöffnet).

Als wuchtiger Klotz bewacht → **Clare Island**, die Insel der Piratenkönigin Grace O'Malley, den Eingang zur Clew Bay. Obwohl die Insel nur vier mal acht Kilometer groß ist, erreicht der Knockmore trotzdem eine Höhe von fast 500 Metern und bietet daher eine herrliche Aussicht auf das Meer und das gebirgige Festland.

Der Wegverlauf

Von der **Hafenmole** gehen wir auf der schmalen Teerstraße links haltend leicht bergauf. Nach kurzer Zeit wird die Straße eben und verläuft über der Südküste von Clare Island nach Westen. Wir erreichen die kleine Ansiedlung an der Südküste von Clare Island, die von der Ruine einer **Zisterzienserabtei** überragt wird. Hier gehen wir die erste Straße rechts hinauf zur alten Abtei mit schönen Fresken, in der Grace O'Malley beerdigt sein soll.

Rechts vorbei geht das Teersträßlein in einen Schotterweg über und führt uns durch den steilen Hang vor uns zu einem Metalltor. Etwa 200 Meter nach dem Tor zweigt links der Weg ab, der

Zum Knockmore auf Clare Island

Tipp

An der einsamen Nordspitze von Clare Island steht auf 100 Meter hohen Klippen ein Leuchtturm, der nicht mehr in Betrieb ist. Wer Abgeschiedenheit und herrliche Ausblicke liebt, der kann hier heute in den komfortablen Zimmern des „Clare Island Lighthouse B&B" übernachten (geöffnet von Mai bis September, Tel. (098) 4 51 20).

uns zum Gipfelaufbau des Knockmore leitet. Vom Ende des Weges wandern wir über runde Buckel bis zum steilen Gipfelhang. Auf der rechten Seite des Hangs, immer in der Nähe des Zauns, der die Schafe vor dem Absturz über die senkrechten Klippen bewahren soll, steigen wir über das steile Gelände auf den Gipfel des **Knockmore** (462 m). Hier oben bietet sich eine herrliche Aussicht auf das Meer, die Inseln und das gebirgige Festland.

Über breite Wege und einen steilen Grashang ersteigen wir den Knockmore, der uns berauschend schöne Ausblicke gewährt.

Vom Gipfel gehen wir jetzt den Weg zurück, den wir heraufgekommen sind. Auf der Schotterstraße, die wir von der alten Kirche hochgestiegen sind, wenden wir uns nach links. Rechts der Straße liegen zwei kleine Seen. Kurz nach den Seen zweigt rechts eine grasbewachsene Straße ab, die uns unter dem Nordhang des Knocknaveen zurück zum Hafen bringen wird. Bergauf und bergab windet sich der Weg um den Hügel, und ein letzter Anstieg bringt uns hinauf zu einer Steinmauer. Wir gehen durch ein rostiges Tor; unter uns liegen schon die ersten Häuser am Hafen. Am ersten Abzweig, vor dem alten Schulgebäude, gehen wir rechts hinunter auf den Sandstrand am **Hafen** zu.

Über der alten Abtei, in der Grace O'Malley beerdigt sein soll, ragt der Inselberg Knockmore auf.

24 Von der Keem Bay auf den Croaghaun

Keem Bay – Moyteoge Head – Achill Head – Croaghaun – Keem Bay

Karte: B 3

 mittel

 9 km

 4:30 Std.

↑ 850 m ↓ 850 m

 nein

Tourencharakter: Eine Wanderung in weglosem Gelände zu den beeindruckenden Klippen am Westende von Achill Island. Die Steilabbrüche des Croaghaun zählen zu den höchsten Klippen Europas.
Beste Jahreszeit: April bis Oktober.
Ausgangs-/Endpunkt: Der letzte Parkplatz am Ende der R319 am Traumstrand der Keem Bay.
Wanderkarte: OS-Karte 1:50 000, Blatt 30.
Markierung: Keine.
Verkehrsanbindung: Westlich von Mallaranny geht die N59 in die R319 über und führt über Achill Sound, Keel und Dooagh bis zur Keem Bay am westlichen Ende von Achill Island.
Von Westport dreimal täglich Busse nach Dooagh (von hier circa 5 km zum Ausgangspunkt). Von Sligo tägliche Busverbindung nach Dooagh (umsteigen in Ballina).
Einkehr: Keine.
Unterkunft: Eine Vielzahl von Hotels und B&B's auf Achill Island. Eine Jugendherberge in Keel. Ein Campingplatz in Keel und zwei Campingplätze in der Nähe von Doogort an der Nordküste von Achill Island.
Auskunft: TI-Office in Achill Sound, Tel. (098) 4 53 84 (geöffnet von Juni bis August).

Am westlichen Ende der Insel bündelt **Achill Island** nochmals all seine Kräfte und schwingt sich zum mächtigen Bergstock des Croaghaun auf, ehe das Land am Achill Head mit steilen Klippen in den Fluten des Atlantik versinkt. Nahezu 700 Meter fällt die Nordwestflanke des Croaghaun zur Wasserfläche des Meeres ab und formt so die höchsten Kliffs in ganz Europa.

Der Wegverlauf

Über dem Parkplatz ragt an der Südseite der Keem Bay ein steiler Hang auf. Ein Stück rechts einer auffälligen, grasüberwachsenen

Mauer steigen wir durch den Hang steil nach oben und dann rechtshaltend zu einem Sattel im Bergkamm. Wir wenden uns nach rechts und folgen den Pfadspuren, die teils im grasigen Nordosthang dem Klippenkamm folgen. Sie enden an den sanften, aussichtsreichen Hügeln, an denen die schwierigen Felsgrate zur äußersten Spitze von **Achill Head** ansetzen.

Von der Keem Bay auf den Croaghaun

Special: Auf Achill Island kann man nicht nur wandern, sondern die Insel bietet hervorragende Bedingungen für den Wassersport. Vor allem bei Keel lässt sich auf dem Meer oder dem stillen Keel Lough ausgezeichnet surfen, windsurfen oder Kanu fahren. Kurse bietet das „Achill Outdoor Education Centre", das man auf halbem Weg zwischen Achill Sound und Keel im Dorf Cashel findet, Tel. (098) 4 72 53.

Von hier wandern wir auf dem bekannten Weg zurück bis kurz vor den Sattel, der unsere Klippenberge vom Croaghaun trennt. Noch bevor wir den sumpfigen Sattel erreichen, queren wir links durch das Tal zum Südwesthang des Croaghaun hinüber. Um die Felsen an seinem oberen Ende zu umgehen, klettern wir immer leicht rechts haltend aufwärts. In Höhe der Felsen halten wir uns wieder ein wenig nach links, um durch grasiges Gelände gerade aufwärts den felsgekrönten **Südwestgipfel** des **Croaghaun** (664 m) zu erklimmen.

Von hier folgen wir dem Steig, der uns über den anfänglich schmalen Grat zum **Nordostgipfel (688 m)** hinüberbringt. Atemberaubende Blicke haben wir jetzt zum scharfgeschnittenen Südwestgipfel und am höchsten Punkt der Insel liegt uns ganz Achill Island zu Füßen.

Dem Gipfel ist rechts unten, im Südosten, ein breiter Rücken vorgelagert. Über teils blockiges Gelände steigen wir in Richtung dieses Rückens ab und schwenken, kurz bevor wir ihn erreichen, nach rechts. Eine steile Hangmulde, durch die einige Bächlein bergab rauschen, führt uns zur nahen **Keem Bay** hinab.

24

Nachdem wir die Steilklippen rund um das Achill Head erkundet haben, führt uns ein steiler Anstieg auf den wuchtigen Croaghaun.

Vom Gipfel des Croaghaun geht der Blick zum felsigen Saddle Head und über das Meer zur Belmullet-Halbinsel.

25 Von Portacloy zum Benwee Head

Portacloy – Benwee Head – Portacloy

Karte: B 3

 leicht

 7 km

 2:30 Std.

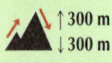 ↑ 300 m ↓ 300 m

 ja

Tourencharakter: Eine weglose, aber einfache Wanderung entlang der zerrissenen, herrlich einsamen Steilküste am Benwee Head.
Beste Jahreszeit: Das ganze Jahr über möglich.
Ausgangs-/Endpunkt: Die kleine Hafenmole an der Westseite der Bucht von Portacloy.
Wanderkarte: OS-Karte 1:50 000, Blatt 22 und Blatt 23 (nur für die ersten Meter).
Markierung: Keine.
Verkehrsanbindung: Von der R314, die Nord-Mayo durchzieht, zweigt westlich der Ortschaft Glenamoy eine Straße nach Norden ab (nach Portacloy ausgeschildert). Auf ihr 10 km geradeaus bis zu einer Querstraße, die Carrowteige mit Portacloy verbindet. Hier rechts nach Portacloy und dort bis kurz vor den Strand, dann links bis zum Straßenende an der kleinen Hafenmole.
Ein- bis zweimal täglich ein Bus von Ballina nach Glenamoy und in das nordöstlich gelegene Belderg. Von Glenamoy nach Portacloy sind es 14 km. Von Belderg besteht für ausdauernde Geher die Möglichkeit, entlang der herrlichen Steilküste nach Portulin und weiter nach Portacloy zu wandern.
Einkehr: Keine.
Unterkunft: Ein B&B in Portacloy. Eine Jugendherberge in Pollatomish, südwestlich von Portacloy.
Auskunft: Keine in der näheren Umgebung.

Entlang der tief eingeschnittenen Bucht von Portacloy wandern wir zu den Klippen am Benwee Head.

Nord-Mayo mit seinen baumlosen, menschenleeren Moorflächen ist wohl das einsamste Gebiet Irlands und bis heute touristisches Niemandsland. Nur wenige wissen, dass sich hinter den bedrückenden Moorbergen rund um Benwee Head eine herrliche Klippenlandschaft verbirgt, die an Dramatik selbst in Irland ihresgleichen sucht.

Der Wegverlauf

Von der kleinen **Hafenmole** können wir schon eine Wegspur erkennen, die durch Weidegelände westlich der Bucht von **Portacloy** zum offenen Meer zieht. Über eine kurze Schotterstraße, durch ein Holztor im anschließenden Zaun und über einen kleinen Bach erreichen wir den Weg. Kurz bevor wir ein Hügelchen mit einem Vermessungszeichen obenauf erreichen, gehen wir entlang der hier ansetzenden Kliffkante links hinauf. Unter uns liegt eine tief eingeschnittene, kleine Bucht, die auf ihrer Westseite von einem mächtigen Felsriegel begrenzt wird. Von hier sind zum erstenmal die Türme der Stags of Broad Haven zu sehen, die einige Kilometer vor der Küste die Wellen durchstechen.

Angenehm steigen wir entlang der Kliffs auf weichen Graspolstern nach oben und erreichen bald eine zweite, größere Bucht, die wir entlang der Klippenabbrüche umrunden. Vor uns können wir zum erstenmal den Benwee Head sehen, den höchsten Punkt unserer Tour. Wir steigen in einen sanften Sattel ab, der uns noch vom Benwee Head trennt. Hag Island, ein spitzer Kliffberg, auf dem Hunderte von Seevögeln nisten, löst sich unter uns aus den Felswänden, und durch ein wunderschönes Naturtor scheint die Abendsonne. Von Benwee Head selbst stürzen steile, grün überwucherte Platten zum Meer ab.

Im Sattel beginnt der Schlussanstieg, der uns nahe der Klippenabbrüche zum **Benwee Head** (255 m) führt. Hier öffnet sich der Traumblick auf die felsige Küstenlinie Nord-Mayos, zu den vorgelagerten Stags of Broad Haven und zur → **Slieve League** in Donegal, die den nördlichen Horizont begrenzt. Vom Benwee Head wandern wir in einen Sattel östlich des Kaps hinunter, von dem aus wir die folgende niedrige Kuppe ersteigen. Oben auf diesem Hügelchen beginnt eine Sandstraße die uns zur Bucht von Portacloy zurückbringt.

Von der stillen Hafenbucht von Portacloy wandern wir entlang der abwechslungsreichen Klifflinie zum Benwee Head hinauf.

26 Auf den Benbulbin

Glendarragh – Kings Mountain – Teebaun – Benbulbin – Glendarragh Karte: D 3

 mittel
 11 km
 3:45 Std.
 ↑ 450 m ↓ 450 m
 nein

Tourencharakter: Eine aussichtsreiche Wanderung über einen der eigenwilligsten Berge Irlands. Die Tour führt durch wegloses, teilweise steiles Gelände. Bei Nebel ist die Orientierung auf der an den Rändern steil abbrechenden Hochfläche schwierig.
Beste Jahreszeit: April bis Oktober.
Ausgangs-/Endpunkt: Eine schmale Brücke im Glendarragh genannten Hochtal, das von Norden in das Massiv des Benbulbin einschneidet.
Wanderkarte: OS-Karte 1:50 000, Blatt 16.
Markierung: Keine.
Verkehrsanbindung: Man fährt auf der N15 von Sligo nach Norden. Circa 5 km nördlich Drumcliff (2 km südlich von Grange) zweigt rechts, gegenüber der beschilderten Zufahrt zum Lissadell House, eine geteerte Nebenstraße ab (Wegweiser Ballaghnatrillick). An der zweiten Kreuzung nach 2 km hält man sich rechts und folgt dem Sträßchen, das vorbei an einem Wasserwerk unter den Nordabbrüchen des Benbulbin ansteigt. Es führt über eine Brücke und schwenkt anschließend rechts an einem Bach entlang in das Hochtal des Glendarragh. Man folgt der Talstraße, bis rechts ein Brückchen den Bach überquert. Nahe der Brücke wenige Parkmöglichkeiten.
Mehrmals täglich Busse von Sligo nach Drumcliff und Grange.
Einkehr: Keine.
Unterkunft: Hotels und B&B's entlang der N15 und in Sligo. Mehrere Jugendherbergen in Sligo und eine Jugendherberge nördlich von Grange. Nächster Campingplatz in Rosses Point nordwestlich von Sligo.
Auskunft: TI-Office in Sligo, Tel. (071) 6 12 01 (ganzjährig geöffnet).

Am Nordrand der Ebene von › **Sligo** erhebt sich der eigenwillige Tafelberg Benbulbin, der in der irischen Sagenwelt eine bedeutende Rolle spielt. Am Rand seiner weiten Gipfelebene bricht der Benbulbin in steilen, zerfurchten Wänden ab. Vom Gipfel bieten sich herrliche Blicke auf die Ebenen und das Meer, die sich an seinem Fuß ausbreiten.

Bei Drumcliff ragen über der Küstenebene die bizarren Steilflanken des Benbulbin auf.

Auf den Benbulbin 83

Der Wegverlauf

Wir halten uns nach der **kleinen Brücke** links und gehen an der folgenden Weggabelung auf der Schotterstraße geradeaus auf den **Wasserfall** im Talschluss zu. Am Ende der Straße über den Bach und über den steilen Grashang links des Baches aufwärts zu einer Spur, die nach rechts hinüber zum oberen Ende des Wasserfalles leitet. Dort über den Bach und hinauf zum Rand der Hochfläche.

Wir überqueren die erodierte Hochebene in südlicher Richtung und gelangen zu einer steinübersäten Kuppe, die von der Hangkante nach vorn springt. Wir steigen nun etwas nach Süden ab, und ein kurzer Anstieg bringt uns anschließend auf die Kuppe des aussichtsreichen **Kings Mountain** (462 m).

Vom Kings Mountain gehen wir zurück zum Rand der Hochfläche, halten uns hier links und wandern am oberen Rand des Hanges nach Westen. Nach zwei Kilometern beginnen links von uns die steilen Felswände, an deren Oberkante wir zum **Theebaun** marschieren, dem westlichsten Punkt der Hochfläche des Benbulbin. Scharf biegen hier die Klippen nach rechts und zwingen auch uns zu dieser Richtungsänderung. In stetem Auf und Ab und Hin und Her müssen wir den Steiltälern ausweichen, die sich in die Wände unter uns gefräst haben.

26

Nach dem steilen Aufstieg aus dem Glendarragh umrunden wir entlang steiler Abbrüche die aussichtsreiche Hochfläche des Benbulbin.

Einen Kilometer folgen wir dem Rand der Felswände, ehe sie ein weiteres Mal nach rechts umbiegen. Nach 500 Metern können wir über den steilen Grashang nach links zu einer Schotterstraße auf der breiten Moorebene absteigen, die uns links **Ausgangspunkt** zurückbringt.

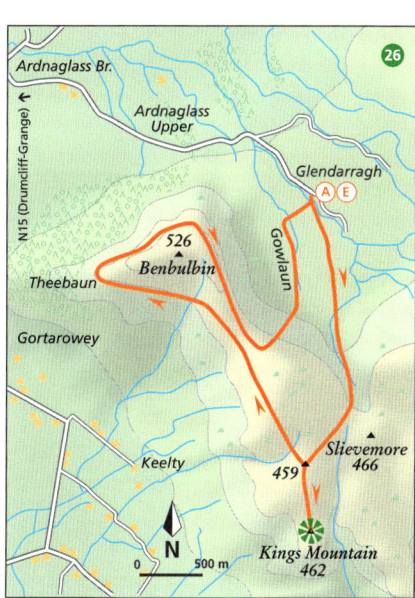

27 Von Bunglass auf die Slieve League

Bunglass – Eagle's Nest – Crockrawer – Slieve League – Crockrawer – Bunglass

Karte: D 2

 anspr.

 9 km

 3:45 Std.

 ↑ 480 m ↓ 480 m

☺ nein

Tourencharakter: Eine herrliche Tour am Rand der Steilabbrüche der Slieve League, die weite Ausblicke auf Land und Meer bietet. Der schmale Steig führt teils ausgesetzt durch steiles Gelände.
Beste Jahreszeit: April bis Oktober.
Ausgangs-/Endpunkt: Der Parkplatz am Aussichtspunkt des Bunglass.
Wanderkarte: OS-Karte 1:50 000 Blatt 10.
Markierung: Keine.
Verkehrsanbindung: Auf der R263 entlang der Donegal-Südküste von Killybegs nach Carrick. Hier biegt man links nach Teelin ab (Hinweisschild Teileann und Sliabh League). Am Ortsanfang von Teelin ignoriert man ein Schild mit der Aufschrift Sliabh League, das rechts zum Beginn des einfacheren, aber weniger eindrucksvollen Old Man's Path auf die Slieve League weist. Man fährt weiter bis in die Ortsmitte und zweigt dort rechts in ein zum Bunglass ausgeschildertes, schmales Sträßlein ein. Auf diesem Sträßlein bis zu seinem Ende am Parkplatz von Bunglass (von Carrick circa 7 km).
Mehrmals täglich Busse von Donegal Town nach Killybegs, einige mit Anschluss nach Carrick.
Täglich Busse der privaten McGeehan-Gesellschaft von Dublin über Donegal Town bis Glencolumbkille (Haltestelle in Carrick).
Einkehr: Keine.
Unterkunft: Hotels in Killybegs. B&B's in Carrick und entlang der R263. Zwei Jugendherbergen außerhalb von Kilcar. Campingmöglichkeit an der Jugendherberge.
Auskunft: TI-Office in Glencolumbkille, Tel. (073) 3 01 16 (nur während der Sommermonate geöffnet).

Im Südwesten der Grafschaft Donegal reckt sich eine gebirgige Halbinsel in den Atlantischen Ozean. An ihrer Südküste liegt der breite, von der Meeresbrandung angenagte Bergrücken der → **Slieve League**. Fast 600 Meter brechen die vielfarbigen Klippen, an deren Rand wir zu ihrem Gipfel aufsteigen, zum tosenden Meer hin ab und bieten grenzenlose Ausblicke.

Vom Aussichtspunkt am Bunglass folgt unser Weg immer den Steilwänden, mit denen die Slieve League zum Meer hin abbricht.

Der Wegverlauf

Schon von **Bunglass** ist der Weg hinauf zum Gipfel der Slieve League in seiner ganzen Länge einzusehen. Wir wenden

Von Bunglass auf die Slieve League

27

Von Bunglass aus geht der Blick auf die kilometerlangen, bis zu 600 Meter hohen Steilflanken der Slieve League.

uns nach rechts und besteigen, anfänglich entlang der Klippen, auf dem breit ausgetretenen Weg den ersten kleinen Gipfel, den **Scregeighter** (308 m). Am Gipfel biegt der Weg nach Norden um, in Richtung des langen Grates der Slieve League. Ein kurzes Stück müssen wir absteigen und stehen anschließend schnell auf dem nächsten Hügel, dem **Eagle's Nest** (323 m). Links fallen senkrechte Klippen zur Bucht ab, in der die markanten Felsen Gigant's Desk and Chair aus dem Wasser ragen.

In einem weiten Rechtsbogen leitet uns der erdige Steig auf den nächsten Gipfel im Kammverlauf, dem **Crockrawer** (435 m). Über einen Grashang erreichen wir anschließend den felsigen Abschnitt des Grates, über den der One Man's Path verläuft. Anfänglich folgen wir der Gratschneide, bis diese in steiles Felsgelände übergeht. Wir weichen rechts in den Hang und gewinnen nach dieser schwierigen Stelle links über einen steilen Hang wieder den Grat, der nun zusehends breiter wird.

Bald ist der **Ostgipfel** der **Slieve League** (575 m) erreicht, auf der ein großer Steinmann steht. Wir halten uns leicht links, folgen der Klippenkante und turnen dann über einen schmalen Grat wie auf einer Himmelsleiter hinüber zum nahen **Westgipfel** (595 m), von dem die Klippen steil zum Meer abfallen. Nahezu grenzenlos ist der Blick von diesem weit ins Meer vorgeschobenen Aussichtsposten. Auf dem Aufstiegsweg kehren wir nach der Gipfelrast zum **Ausgangspunkt** zurück.

28 Von Glencolumbkille nach Port

Glencolumbkille – Glen Head – Sturral – Port – Glen Head – Glencolumbkille.   Karte: D 2

 leicht

 12 km

 4 Std.

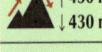 ↑ 430 m ↓ 430 m

 ja

Tourencharakter: Eine einfache, großteils weglose Wanderung entlang teils steil abfallender Klippen.
Beste Jahreszeit: Das ganze Jahr über möglich.
Ausgangs-/Endpunkt: Eine schmale Straße an der Nordseite des Tales von Glencolumbkille.
Wanderkarte: OS-Karte 1:50 000, Blatt 10.
Markierung: Keine.
Verkehrsanbindung: Auf der R263 von Killybegs über Carrick nach Glencolumbkille und am Ortsanfang geradewegs der Beschilderung nach Ardara folgen. Nach der Brücke über den Murlin River auf der Querstraße nach links. Nun, vorbei an der alleinstehenden Kirche, geradeaus in Richtung Küste. Nach einer Brücke fährt man an einer Kreuzung geradeaus und anschließend in weitem Bogen nach rechts um ein Tal. Die Straße endet kurz vor dem obersten Haus am Nordhang des weiten Tales. Am Straßenrand bestehen einige Parkmöglichkeiten. Links setzt die Schotterstraße an, über die unsere Tour verläuft. Mehrmals täglich Busse von Donegal Town nach Killybegs, einige mit Anschluss nach Glencolumbkille. Täglich Busse der privaten McGeehan-Gesellschaft von Dublin über Donegal Town bis Glencolumbkille.
Einkehr: Keine.
Unterkunft: Ein Hotel in der Nähe von Glencolumbkille. B&B's in Glencolumbkille. Eine Jugendherberge in Glencolumbkille. Campingmöglichkeit an der Jugendherberge.
Auskunft: TI-Office in Glencolumbkille, Tel. (073) 3 01 16 (nur während der Sommermonate geöffnet).

Ein 200 Jahre alter Turm wacht am Glen Head nahe bei den steil zum Meer abbrechenden Klippen.

Im Südwesten der Grafschaft Donegal liegt an einer malerischen Bucht das Dorf → **Glencolumbkille**, dessen Name auf einen frühchristlichen Heiligen zurückgeht. Eine herrliche Wanderung führt von hier entlang einer wilden Steilküste nach Norden in das einsame, schon vor langer Zeit aufgegebene Hafendorf Port.

Der Wegverlauf

Wir gehen die Schotterstraße links hinauf, die sich in angenehmer Steigung nach oben windet. Nach den letzten Kehren führt sie geradeaus in ein kleines Tälchen. Hier zweigen wir links auf einen Weg ab, dem wir bis zu seinem

Von Glencolumbkille nach Port

Der besondere Tipp

Wer sich besonders für die irische Kultur interessiert, der kann sich in Glencolumbkille an „Oideas Geal" wenden, ein Kulturzentrum, das in den Sommermonaten Gälischkurse veranstaltet. Auf geführten Wanderungen und archäologischen Exkursionen wird das Umland erkundet. Kontaktperson ist Mr. Liam O'Cuinneagan, Tel. (073) 3 02 48.

Ende folgen. Über heidekrautbewachsenes Gelände wandern wir zum nahen **Signalturm** auf dem **Glen Head** (222 m) hinauf. Vom Turm gehen wir wenige Meter vor bis zum Zaun am Rand der Klippen, die 200 Meter senkrecht abbrechen.

Wir wenden uns an dieser Stelle nach rechts und wandern entlang des Zauns auf das mächtige Felsriff des **Sturrall** zu. Bald trennt uns vom Sturrall nur noch eine Bucht, in der einige große Felstürme das Wasser durchstoßen. Wir wandern jetzt am besten circa hundert Meter rechts der Kliffkante in Richtung Port. So vermeiden wir das mühevolle Zickzack der Klippen und einige Abstiege in tief eingeschnittene Bachgräben. Bald können wir vor uns die Mauern der verlassenen Siedlung von Port erkennen und dann rechts das letzte bewohnte Haus.

Kurz vor dem verlassenen Dorf treffen wir auf einen alten Weg, der vom Hügel rechts über uns herunterkommt. Wir folgen dem gewundenen Steig, überqueren auf einem Brückchen eine kleine Schlucht und erreichen die Ruinen oberhalb der einsamen Bucht von Port. Auf dem Weg entlang der Küste, auf dem wir gekommen sind, kehren wir nach **Glencolumbkille** zurück.

28

Nach dem steilen Aufstieg zum Signalturm folgen wir der wilden Küstenlinie zum verlassenen Hafendorf Port.

29 Errigal Mountain

Straße östlich Dunlewy – Errigal Mountain –
Straße östlich Dunlewy.

Karte: E 1

- mittel
- 5 km
- 2:30 Std.
- ↑ 540 m ↓ 540 m
- nein

Tourencharakter: Der Errigal Mountain überragt alle Berge in weitem Umkreis und bietet daher einmalige Ausblicke auf das Donegal und seine ausgefranste Küste. Der Anstiegsweg ist nur auf kürzeren Abschnitten steil.
Beste Jahreszeit: April bis Oktober.
Ausgangs-/Endpunkt: Ein kleiner Parkplatz an der R251 circa 3 km östlich von Dunlewy.
Wanderkarte: OS-Karte 1:50 000, Blatt 1.
Markierung: Zu Beginn des Anstieges Markierungsstangen.
Verkehrsanbindung: Man biegt östlich von Gweedore von der N56 auf die R251 ab. Auf ihr durch Dunlewy und nach dem Ort in östlicher Richtung bergauf. Man ignoriert ein erstes Hinweisschild mit weißem Wanderer auf rotem Grund (hier Einstieg in die Wanderung für Leute ohne Fahrzeug) und fährt noch circa einen Kilometer weiter zu einem zweiten Hinweisschild an einem kleinen Parkplatz links der Straße.
Mehrmals täglich fahren Busse der privaten Lough-Swilly-Company entlang der Nord- und Westküste von Donegal. Aussteigemöglichkeit an dem Abzweig der R251 von der N56, von wo es noch 4 Kilometer bis Dunlewy sind.
Einkehr: Keine.
Unterkunft: B&B's in Dunlewy. Eine Jugendherberge in Dunlewy.
Auskunft: Keine in näherem Umkreis.

Hoch im irischen Nordwesten liegt die rauhe, gebirgige Grafschaft Donegal. Der höchste Berg hier und der wohl schönste Gipfel in ganz Irland ist der Errigal Mountain. Wie ein Vulkankegel ragt der ebenmäßig geformte Quarzitkegel über den Seen bei Dunlewy in den Himmel. Von seinem schmalen Gipfel hat man eine unbeschreibliche Aussicht über den Norden Irlands.

Von Südosten steigt man auf die perfekt geformte Pyramide des Errigal Mountain, der eine herrliche Aussicht bietet.

Der Wegverlauf

Am **Parkplatz** beginnt eine Reihe von Markierungspfosten, die uns leicht links haltend durch das unangenehm sumpfige Gelände zur ebenmäßigen Pyramide hinaufleiten. Die vielen Wanderer, die den Errigal Mountain besuchen, haben eine deutliche Spur hinterlassen, doch ab und zu zwingen uns schlammige Passagen dazu, vom Weg abzuweichen. Dort, wo der Hang aufsteilt, stehen einige der Markierungspfosten nebeneinander, und hier trifft auch der südlichere, näher bei Dunlewy beginnende Steig auf unsere Anstiegsspur.

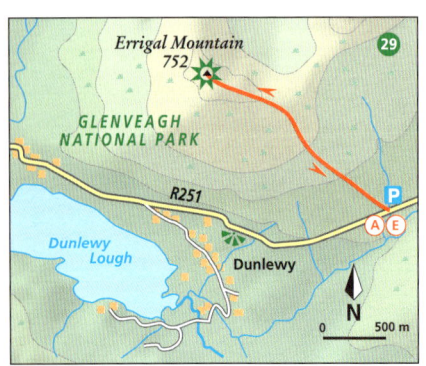

Errigal Mountain

Von den Markierungsstangen steigen wir über den steilen Hang leicht rechts haltend zu einer Kuppe hinauf, die von einem **Steinmann** gekrönt wird. Vor uns liegt jetzt ein steiler, von hellem Quarzitgeröll bedeckter Hang, über den sich ein überraschend angenehm zu begehendes Steiglein nach oben in Richtung Gipfel windet. Tief unten liegt der einsame Altan Lake, von dessen Ufer braune Hänge zu den schön geformten Aghla Mountains emporstreben.

Nach dem steilen Schutthang gönnt uns ein flacherer Abschnitt eine kurze Erholungspause. Vor uns ragt ein felsiger Grat auf, der auf einem guten Steig auf seiner rechten Seite umgangen wird. Hinter den Felszacken leitet uns der Steig nach links auf die hier noch breite Gipfelschneide, die wir bei einem großen **Steinmann** erreichen.

Vor allem von Westen aus gesehen besticht der Quarzitkegel des Errigal Mountain durch seine perfekte Form.

Angenehm wandern wir auf dem breiten Rücken nach rechts auf die Gipfelkuppe zu, die vor uns aufragt. Der Grat spitzt sich dann immer mehr zu. Ein kurzer Anstieg bringt uns auf den **Ostgipfel** des **Errigal Mountain** (751 m). Von hier bietet sich uns eine atemberaubende Aussicht über die Küsten und Berge im irischen Norden. Auf einem kurzen schmalen Grat steigen wir anschließend zum etwas niedrigeren **Westgipfel** hinüber. Auf der engen Spitze scheint es uns, als würden wir aus einem Ballon auf die einsame Grafschaft Donegal hinunterblicken. Über den Aufstiegsweg kehren wir nach einer langen Gipfelrast zum **Ausgangspunkt** zurück.

30 Im Glenveagh-Nationalpark

Glenveagh Castle – Allachoastia – Kinnaveagh – Farscallop – Glenveagh Castle
Karte: E 1

 mittel
 17 km
 5:45 Std.
 ↑ 580 m ↓ 580 m
 nein

Tourencharakter: Die Bergtour durch den Glenveagh-Nationalpark vermittelt herrliche Blicke auf den in eine wilde Berglandschaft eingebetteten Lough Beagh. Der Hauptteil der Wanderung führt durch raues, wegloses Gelände.
Beste Jahreszeit: Von April bis August. Von September bis März dürfen die Wege im Nationalpark nicht verlassen werden!
Ausgangs-/Endpunkt: Das Besucherzentrum des Glenveagh-Nationalparkes am Nordwestende des Lough Beagh. Von hier Pendelbusverbindung zum 3 km entfernten Glenveagh Castle.
Wanderkarte: OS-Karte 1:50 000, Blatt 6.
Markierung: Keine.
Verkehrsanbindung: Das Besucherzentrum des Nationalparks liegt an der R251, die durch das Bergland im nördlichen Donegal führt. Der Weg zum Nationalpark ist aus allen Richtungen gut ausgeschildert.
In der Nähe des Nationalparks verkehren keine öffentlichen Buslinien.
Einkehr: Ein Restaurant im Besucherzentrum.
Unterkunft: In der Nähe des Nationalparks keine Unterkunftsmöglichkeiten. Bester Ausgangspunkt ist die 20 km südöstlich gelegene Stadt Letterkenny.
Auskunft: TI-Office in Letterkenny, Tel. (074) 2 11 60 (ganzjährig geöffnet).

Im Herzen des Berglandes von Donegal liegt der Lough Beagh, an dessen Ufer 1870 das von exotischen Gärten eingefasste Glenveagh Castle (→ **Glenveagh Nationalpark**) erbaut wurde. 1986 wurde rund um den See, der an die Lochs im schottischen Hochland erinnert, der größte Nationalpark Irlands eingerichtet. Unsere Wanderung führt uns durch das raue Bergland des Glenveagh Nationalparks.

Der Wegverlauf

Vom Glenveagh Castel wandern wir in das raue Bergland, das uns immer wieder Blicke auf den herrlichen Lough Beagh gewährt.

Vom **Besucherzentrum** am Eingang zum Nationalpark folgen wir drei Kilometer der Teerstraße zum **Glenveagh Castle**. Um das Schloss links herum durchqueren wir das dicht bewachsene Parkgelände. Nach einem Metalltor am Ende des Parkgeländes biegen wir links in einen Wanderweg und halten uns nach wenigen Metern rechts. Über den steilen Hang steigen wir zu einem wunderschönen **Aussichtspunkt** hoch. Vom Aussichtshügel klettern wir in einem Links-Rechts-Bogen über den felsdurchsetzten Hang zum Gipfel des **Allachoastia** (228 m) hoch.

Wir halten uns rechts und überqueren einen langgezogenen, sumpfigen Sattel. Der anschließende Kamm leitet uns links zu den wasserüberronnenen Granitplatten am Gipfelaufbau des Kinnaveagh. Auf einem Grasband queren wir rechts aufwärts den

Im Glenveagh-Nationalpark

30

Der Abstieg vom Farscallop führt auf den im Herzen des Nationalparks gelegenen Lough Beagh zu.

Felshang und ersteigen von seinem Ende linkshaltend problemlos die Gipfelkuppe des **Kinnaveagh** (384 m). Vom Gipfel marschieren wir nun auf dem Bergkamm nach Südwesten. Nach circa 500 Metern steigen wir rechts über einen steilen Wiesenhang zur engsten Stelle des Tals ab, das uns vom Farscallop trennt. Jenseits klettern wir durch eine steile Grasrinne anstrengend zum **Nordgipfel** des **Farscallop** (378 m) hinauf. Oben angelangt, gehen wir bis zum Nordwestrand des breiten Kammes, der hier felsig in das Glenveagh-Tal abbricht.

Auf dem breiten Kamm steigen wir nach rechts hinunter, immer genau auf die blaue Wasserfläche des Sees zu. Am unteren Ende des Kammes bleiben wir so lange wie möglich im baumlosen Gelände, ehe wir in den Wald eindringen. Kurz bevor wir einen Wildzaun erreichen, können wir links im dichten Wald einen Forstweg erkennen, zu dem wir hintersteigen. Er führt uns zum breiten Weg im Talboden. Auf dem Sandsträßchen wenden wir uns nach rechts und wandern entlang des Lough Beagh zum **Glenveagh Castle** zurück.

SEHENSWÜRDIGKEITEN

VON A BIS Z

Vorhergehende Doppelseite: Östlich von Sligo überragen die Mauern des Parkes Castle den malerischen Lough Gill.

▶ ACHILL ISLAND

Höhe: 0 – 688 m	Karte: B 3/4
Einwohnerzahl: Ca. 3000	Wanderung: 24

Lage: Achill Island, das nur durch einen schmalen Meeresarm vom Festland getrennt ist, liegt im irischen Westen im County Mayo. Mit einer Ausdehnung von ca. 140 km². ist Achill Island die größte Insel vor der irischen Küste. Eine Brücke verbindet bei der Ortschaft Achill Sound die Insel mit dem Festland. Auf der windgepeitschten, nahezu baumlosen Insel konzentriert sich alles, was den Besucher am irischen Westen reizt: Hohe Gebirgsrücken, auf deren braunen Moorflanken blaue Seeaugen leuchten, durchziehen das Eiland. Das Meer umpeitscht wilde Klippen, die immer wieder von langen Traumstränden unterbrochen werden.

Geschichte: In der Siedlungsgeschichte von Achill Island spiegelt sich das übrige Irland wider. Am Südhang des Slievemore sind die Reste von jungsteinzeitlichen Gräbern erhalten, und so manche Ortsbezeichnung deutet noch heute auf keltische Forts hin. Ruinen von alten Kirchen und Wehranlagen setzen die Zeitmarken späterer Jahrhunderte.

Über dem Keel Lough ragt der zweithöchste Berg von Achill Island auf, der Slievemore.

Was aber am meisten zu Herzen geht und worauf man in Irland und vor allem auf Achill Island immer wieder stößt, sind die verlassenen Häuser und Dörfer. Nicht das Alter oder die Eleganz der Gebäude ist es, was den Betrachter in ihren Bann zieht, sondern

Sehenswürdigkeiten von A bis Z 95

Tipp: Westlich von Doogort erhebt sich der zweithöchste Gipfel der Insel, der Slievemore (671 m). An seinem Nordfuß hat das Meer Grotten in den Fels gegraben, vor denen sich gerne Robben tummeln. Diese sogenannten **Seal Caves** sind von der Landseite her kaum zugänglich. Bei ruhiger See starten in Doogort Ausflugsboote, von denen aus man in aller Ruhe die Robben beobachten kann.

die Vorstellung, die sie vom Leben in den letzten Jahrhunderten vermitteln. Man fühlt sich in die Zeit zurückversetzt, in der die Bewohner ihren stillen, unerbittlichen Kampf gegen Armut und Hunger führten.

Sehenswertes: Vom Dorf **Achill Sound**, dem Einfallstor und Geschäftszentrum der Insel, führt der aussichtsreiche **Atlantic Drive** in den Süden der Insel. Kurz vor der Südspitze der Insel passiert man die Ruine des **Carrickkildavnet Castle** aus dem 15. Jh., das mit der Piratenkönigin Grace O'Malley (→ Clare Island) in Verbindung gebracht wird. Auf dem Rückweg zur Hauptstraße entlang der Westküste bietet sich auf schmalen Sträßchen ein Abstecher zum Sendemasten auf dem Gipfel des **Mweelin** (403 m) an, von dem man einen herrlichen Rundumblick auf die Insel hat.

An der Nordküste von Achill Island liegt in der Nähe schöner Sandstrände das kleine Dorf **Doogort**. Hier verbrachte Heinrich Böll einige Sommer und verfasste sein „Irisches Tagebuch". An der Hauptstraße befindet sich sein Haus, das heute die „Heinrich Böll-Stiftung" Stipendiaten zur Verfügung stellt (keine Besichtigung).

Dank seiner strahlend weiß getünchten Häuser gilt Dooagh als das hübscheste Dorf auf Achill Island.

Von Doogort führt eine Straße unter den Südhängen des Slievemore nach Keel. Ein Schild weist auf halbem Weg zu einem Steinzeitgrab, das in die Zeit vor ca. 4500 Jahren zurückführt.

Keel ist das touristische Zentrum von Achill Island und bietet ausgezeichnete Wassersportmöglichkeiten. Am Ortsrand spannt sich ein drei Kilometer langer Sandstrand bis zu den steil abfallenden Minawn Cliffs. Die Bucht ist eine wahres Paradies für gute Windsurfer und Wellenreiter. Wem die Wellen in der Keel Bay zu hoch sind, der findet auf dem nur 500 Meter landeinwärts gelegenen Keel Lough ein ruhigeres Windsurf-Revier.

Westlich von Keel durchquert die Inselstraße das Dorf **Dooagh**. Obwohl besondere Sehenswürdigkeiten fehlen, ist Dooagh dank seiner kleinen, weißgetünchten Häuser der hübscheste Ort der Insel. Weiter nach Westen führt eine atemberaubende Straße in die **Keem Bay**. Steil abfallende Berghänge umschließen den gelben Strand, und im glasklaren Wasser kann man mit Glück die Rückenflossen der harmlosen Blauhaie entdecken, die bis in die 70er Jahre hinein hier gefangen wurden. Im Tal oberhalb der Bucht führen uns zwei Bauwerke in die irische Geschichte zurück. Ein sogenannter Penal-Altar steht einsam in einer Wiese. Auf diesen Altären wurden im 18. Jahrhundert, als die Engländer den katholischen Glauben unterdrückten, heimlich Messen zelebriert.

An der Stelle, an der die Straße zwischen Doogort und Keel nach Süden abknickt, führt ein kurzes Sträßchen nach Norden zu einem Friedhof. Hier liegt links die langgezogene Häuserreihe eines verlassenen Dorfes. Die moosüberzogenen Mauern erinnern an die Hungerjahre Mitte des 19. Jahrhunderts, als viele Siedlungen im irischen Westen aufgegeben werden mussten. Angetan von der Ausstrahlung dieses Dorfes widmete Heinrich Böll diesem „Skelett einer menschlichen Siedlung" ein Kapitel seines „Irischen Tagebuches".

Einige Meter höher sind wir 150 Jahre weiter auf dem Weg zur Gegenwart. Der berühmt-berüchtigte Captain Boycott lebte hier Ende des 19. Jahrhunderts in einem Haus, dessen Mauern die letzten hundert Jahre überdauert haben. Als Verwalter eines Großgrundbesitzers beutete er die irischen Landarbeiter aus, die aber Ende des 19. Jahrhunderts lernten, sich zur Wehr zu setzen. Als er niemanden mehr fand, der für ihn arbeiten wollte, musste er gezwungenermaßen seine Stellung aufgeben. Mit diesem Sieg der Landarbeiter war ein neuer, weltweit verständlicher Begriff geboren, der Boykott.

▶ **AGHADOE** → **Killarney**

▶ **AILWEE CAVE** → **Burren**

▶ **ARAN-INSELN** → **Inishmore**

▶ **BEARA-HALBINSEL**

Höhe: 0 – 685 m	Karte: A/B 9
	Wanderung: 6, 7 und 8

Lage: Im Südwesten Irlands strecken sich fünf langgezogene Halbinseln, die jeweils von tief eingeschnittenen Meeresbuchten voneinander getrennt werden, in die Fluten des Atlantik. Die mittlere dieser Landzungen ist die Beara-Halbinsel, über die die

Die Kilmakilloge Harbour genannte Bucht schneidet von Norden tief in die gebirgige Beara-Halbinsel.

Grenze zwischen den Grafschaften Cork und Kerry verläuft. Im Süden trennt sie die Bantry Bay von der Sheep's Head-Halbinsel, im Norden der Kenmare River von der → **Iveragh-Halbinsel**.

Entstehung: Der Sandstein, aus dem die Berge im Südwesten Irlands aufgebaut sind, wurde vor ca. 360 Millionen Jahren abgelagert. Später wurde dieses Gestein, zuletzt vor ca. 25 Millionen Jahren, zweimal zu Gebirgen emporgefaltet. Zwischen den weitgeschwungenen Falten konnte das Meer tief in das Landesinnere vordringen und die Halbinseln voneinander trennen. Während der Eiszeit erhielten die Berge ihr charakteristisches Aussehen. Tiefe Täler wurden von den Gletschern ausgehobelt, die Felsflanken wurden steil zugeschliffen, und in den unzähligen Karen entstanden die Becken, in denen heute versteckte Bergseen liegen.

Sehenswertes: Zwischen → **Glengarriff** im Südosten der Beara-Halbinsel und Kenmare im Nordosten führt die ca. 140 Kilometer lange Panoramastraße „Ring of Beara" rund um die Halbinsel. Im Vergleich zum berühmten „Ring of Kerry" auf der nördlich anschließenden → **Iveragh-Halbinsel** wird der „Ring of Beara" nicht so häufig befahren. Landschaftlich kann die Beara-Halbinsel jedoch mit ihrem bekannteren nördlichen Nachbarn durchaus konkurrieren. Wer die Halbinsel lieber langsam erkunden möchte, dem steht der gut ausgeschilderte **Beara Way** zur Verfügung, der in ca. 200 Kilometern rund um die Halbinsel läuft.

Von → Glengarriff führt die Ringstraße am Südufer der Halbinsel nach Adrigol. Hier zweigt die herrliche Bergstraße zum **Healy Pass** ab, die über den Kamm der Caha Mountains zur Nordküste führt. Bleibt man an der Südküste, fährt man unter den dunklen Felshängen des **Hungry Hill** (→ **Wanderung 7**) nach → **Castle-**

>
> Das abgelegene Dörfchen **Allihies** ist der richtige Ort, um einmal abseits allen Trubels auszuspannen. Zwei Jugendherbergen stehen im Ort (mit Zeltmöglichkeit), bzw. 1,5 km südlich als preiswerte Übernachtungsmöglichkeiten bereit. Die nahe Ballydonegan Bay bietet einen schönen Strand, und rund um das Dorf kann man die Schächte der alten Mienen entdecken. Abends lädt die Lighthouse Bar an der Main Street zur Einkehr ein. Der Pächter ist Fischer, und so kann man hier frische und trotzdem preiswerte Fischgerichte genießen.

townbere, dem Hauptort der Insel. Von Castletownbere führt die Straße durch einsame Landschaften an die Westspitze der Halbinsel. Dort überquert die einzige Seilbahn Irlands die Meerenge, die das meschenleere → **Dursey Island** vom Festland trennt.

Der erste Ort, den man während der Rückfahrt entlang der Nordküste erreicht, ist das alte Bergwerksdorf **Allihies** (→ **Castletownbere**). Durch wundervoll bergige Landschaft führt der „Ring of Beara" entlang der Nordküste nach **Eyeries**. Das noch nicht vom Tourismus entdeckte Dorf bezaubert durch seine farbenfrohen Häuserfronten und die aussichtsreiche Lage über der Küste. Auf halbem Weg nach Adgroom steht links über der Bucht der mit gut 5 Metern höchste Ogham-Stein Irlands. In die Kanten dieser Steine ritzten die Kelten zwischen dem 4. und 7. Jahrhundert ihre aus 20 Zeichen bestehende Schrift. Ab dem hübschen Dörfchen **Adgroom** drängen die Bergzüge der Beara-Halbinsel die Straße wieder nahe an die Küste, die sich hier in einem berauschend schönen Puzzle aus Halbinseln, Buchten und Inseln auflöst. Östlich des Dorfes wartet oberhalb der Straße ein schöner Steinkreis auf seine Entdeckung, der vor ca. 3000 Jahren, in der Bronzezeit, errichtet wurde.

In **Lauragh** trifft die Straße über den Healy Pass auf die nördliche Küstenstraße. An dieser Stelle zweigt ein Sträßchen zum einsamen, von dunklen Bergen eingefassten **Glanmore Lake** ab. Nördlich von Lauragh locken die **Derreen Gardens** (geöffnet von April bis September täglich von 11 – 18 Uhr) zu einem Spaziergang. Rund um das gleichnamige Herrenhaus wuchern in dem exotischen Garten Fuchsien, Bambus, Farnbäume, Rhododendron und Kamelien.

Die Küste wird nun nach und nach zahmer, bis man bei **Kenmare** (→ **Iveragh-Halbinsel**) mehrere Möglichkeiten für die Weiterfahrt hat. Nach Süden führt eine Straße über die Berge zurück nach → **Glengarriff**. Nach Norden leitet eine wunderschöne

Strecke in das Seenland von → **Killarney,** und nach Westen folgt der berühmte **„Ring of Kerry"** (→ **Iveragh-Halbinsel**) der Küstenlinie.

▶ BLASKET-INSELN

Höhe: 0 – 292 m	Karte: A 8
	Wanderung: 15

Lage: In der Grafschaft Kerry streckt sich als nördlichste der großen Halbinseln im Südwesten Irlands die → **Dingle-Halbinsel** in den Atlantik. Vor der Westspitze der Halbinsel liegen die wilden, baumlosen und oft von Stürmen umtosten Bergrücken der Blasket-Inseln im Meer. Die bei weitem größte der Inseln ist Great Blasket mit einer Länge von sechs Kilometern. An der breitesten Stelle misst das nahezu 300 Meter aus dem Meer aufsteigende Great Blasket ca. einen Kilometer.

Geschichte: Zwei Ringforts am Bergkamm von Great Blasket bezeugen, dass auf dieser unwirtlichen Insel schon die Kelten siedelten. Auf der südlich gelegenen Insel Inishvickillane fand man Reste eines frühchristlichen Klosters. Ab dem 17. Jahrhundert entwickelte sich das abgelegene Great Blasket zu einem Rückzugsgebiet der von Großgrundbesitzern bedrängten irischen Bevölkerung. Auf der Insel gab es weder Schule und Kirche, noch ein Geschäft oder Pub. Als Ernährungsgrundlage dienten das Fleisch von Schafen und Seevögeln und natürlich der reichlich vorhandene Fisch. Nach dem Ersten Weltkrieg wurde man auf die Insel aufmerksam, da sich hier wie sonst nirgendwo die alte irische Kultur erhalten hatte. Der gälische Dialekt der Bewohner wurde aufgezeichnet. Die Insulaner wurden ermuntert, die Geschichten vom harten Leben auf der Insel, die nur bei ruhiger See von der Hauptinsel aus zu erreichen war, aufzuschreiben. So entstand eine Vielzahl von Büchern. Das in Deutschland bekannteste ist das von Tomás O Criomhthains (Thomas O'Crohan) verfasste „Islandmen", das von Heinrich Böll

Vor dem kreuzgeschmückten Slea Head ziehen dunkle Wolken über die einsamen, sturmgepeitschten Blasket-Inseln

übersetzt wurde und unter dem Titel „Die Boote fahren nicht mehr aus" in Deutsch erschien. 1953 gaben die letzten Inselbewohner den Kampf gegen die Unbilden der Natur auf und wurden auf das irische Festland übergesiedelt.

Sehenswertes: Die **Überfahrt** von der Dingle-Halbinsel ist bis heute ein Erlebnis für

> **Special**
>
> Auf dem Festland gegenüber den Blasket-Inseln liegt das Dorf Dunquin (gäl. Dún Chaoin), in das die meisten der ehemaligen Inselbewohner übersiedelten. In den letzten Jahren entstand hier das Blasket Centre (geöffnet Ostern bis September täglich, im Oktober nur an Wochenenden), das eine großartige Ausstellung über Great Blasket präsentiert. Themen wie das alltägliche Leben, die Schriftsteller von Great Blasket und die Sprache der Inselbewohner werden durch Ausstellungsstücke, Fotos und eine Videovorführung dem Besucher näher gebracht.

sich. Die Hafenmole von **Dunquin** liegt am Fuß steiler Klippen, zu denen eine halsbrecherische Piste hinabführt. Hier starten bei ruhiger See die Kutter (Auskunft Tel. (066) 56 146 oder 56 465) nach **Great Blasket**. Da auf der Insel ein geeigneter Landungssteg fehlt, muss man für die letzten Meter der Überfahrt in kleine Plastikboote wechseln.

Die letzte Rückfahrtmöglichkeit besteht um etwa 15 Uhr. Will man die Insel also genauer erkunden, muss man hier übernachten. Ein Hostel bietet während der Sommermonate zehn Betten und Campingmöglichkeiten (Auskunft (066) 56 146), und ein Café serviert auf Vorbestellung ein Abendessen. Belohnt wird man für eine Übernachtung auf Great Blasket mit Einsamkeit und berauschenden Ausblicken. Die zum „National Historic Park" erklärte Insel lässt sich auf dem hoch aufragenden Bergkamm in ihrer ganzen Länge überwandern.

▶ BRANDON MOUNTAIN

Höhe: 952 m	*Karte: A 7*
	Wanderung: 14

Lage: In der Grafschaft Kerry streckt sich als nördlichste der fünf großen Halbinseln im Südwesten Irlands die → **Dingle-Halbinsel** in den Atlantik. Im westlichen Teil der gebirgigen Halbinsel ragt nahe der Nordküste der Brandon Mountain auf. Er ist der höchste Berg auf der Halbinsel und einer der höchsten Gipfel in Irland.

Entstehung: Vor ca. 360 Millionen Jahren wurden die Sandsteine abgelagert, aus denen der Brandon Mountain aufgebaut ist. In späterer Zeit wurden die Ablagerungen mehrmals zu Gebirgen aufgefaltet. In der Eiszeit veränderten die Gletscher einschneidend das Bild des Berges. Die westlichen Winde wehten große Schneemassen auf die Ostseite des Berges, die sich hier zu Gletschern ansammelten. Sie ließen die steilwandigen Kare entstehen, in denen heute eine Vielzahl kleiner Seen liegen.

Geschichte: Wohl schon in keltischer Zeit bestand auf dem exponierten Gipfel ein dem Sonnengott Lug geweihtes Heiligtum. Im 6. Jahrhundert erbaute der hl. Brandon, der zuvor in Irland mehrere frühchristliche Klöster gegründet hatte, auf dem Gipfel ein kleines Gebetshaus. An diesem unwirtlichen, sturmumtosten Ort betete er mehrere Wochen lang, ehe er im Jahre 540 mit 17 Gefährten zu einer siebenjährigen Reise aufbrach. Bis heute ist die Frage noch nicht eindeutig geklärt, ob der Heilige schon im 6. Jahrhundert Amerika entdeckt hat. Im 8. Jahrhundert erscheint jedefalls in vielen europäischen Klöstern das Buch „Navigatio", in dem der hl. Brandon von seinen Seereisen berichtet. Beschrieben wird darin, wie er in einem mit Leder bespannten Boot, ähnlich den bis ins 20. Jahrhundert in Irland gebräuchlichen Curraghs, in See stach und im Westen jenseits des Atlantik das „Gelobte Land" entdeckte. 1976 wiederholte der Wissenschaftler Timothy Severin in einem original nachgebauten Lederboot diese Reise und erreichte nach einem Jahr Amerika. Angeregt wurde er durch die Übereinstimmungen in den Beschreibungen der „Navigatio" mit den Gegebenheiten in Labrador und durch die alten Berichte von Wikingern, die im 9. und 10. Jahrhundert angeblich sowohl in Island als auch in Amerika auf irische Mönche trafen.

Im östlich des Brandon Mountain gelegenen Tralee erzählt ein Wandbild von der Entdeckungsfahrt des hl. Brandon.

Sehenswertes: Durch die spektakuläre Ostflanke zieht der Pilgerweg zum Gipfel des **Brandon Mountain** (→ **Tour 14**), über die harmlosere Westflanke von Ballybrack aus die sogenannte „Saints Road". Nördlich von Ballybrack liegt die tief eingeschnittene Bucht **Brandon Creek**, von der aus der Heilige zur Entdeckung des „Gelobten Landes" aufgebrochen sein soll. Noch heute sind direkt am **Gipfel des Brandon Mountain** die Grundmauern des **Gebetshauses** zu sehen, das der heilige Brandon Mitte des 6. Jahrhunderts errichtete. Zu Ehren des Heiligen findet jedes Jahr an seinem Namenstag, dem 29. Juni, eine Wallfahrt zum Gipfel statt.

▶ BURREN

Höhe: 0 – 344 m | *Karte: C 5/6*
Wanderung: 17

Lage: Zwischen den → **Cliffs of Moher** im Süden und der großen Galway Bay im Norden erstreckt sich in der Grafschaft Clare eine der eigenwilligsten Landschaften in Irland, die Burren.

Entstehung: Vor über 300 Millionen Jahren wurde das Kalkgestein der Burren in einem tropischen Meer abgelagert, aus dem es später als Gebirgsstock wieder auftauchte. Damit setzte die zerstörende Kraft der Karsterosion ein. Regenwasser spülte in dem wasserlöslichen Gestein ein System von Höhlen aus, das bis heute nahezu den gesamten Niederschlag verschluckt. Die Schmelzwasser der Eiszeit ließen neue Höhlen entstehen und weiteten die bereits vorhandenen. Findlingsblöcke, die die Gletscher über weite Strecken hierher transportiert hatten, wurden auf den Berghängen abgelegt, und die modellierende Kraft des Eises gab den eigenwilligen Bergen ihre heutige Form. Als die Gletscher abgeschmolzen waren, hinterließen sie einen Schleier feinen Materials, der den porösen Untergrund abdichtete. Auf ihm konnte sich ein lichter, sonnendurchfluteter Wald entwickeln. Neben Pflanzenarten, die als Relikte der Eiszeit überlebten, kamen nach und nach neue Gewächse hinzu. So finden wir heute in den Burren eine eigenartige Flora, deren Spektrum von arktischen über alpine bis zu mediterranen Pflanzen reicht.

Nahe der Kirche von Kilfenora steht in einer Wiese das von Ornamenten verzierte Westkreuz.

Geschichte: Die anziehenden, lichtdurchfluteten Wälder lockten um 3000 v. Chr. die ersten Menschen in die Burren. Steinzeitmenschen siedelten sich hier an und begannen die Wälder abzuholzen. Von dieser Besiedlungsphase zeugt noch heute eine Vielzahl neolithischer Gräber, darunter der Poulnabrone-Dolmen, einer der schönsten seiner Art in Irland.

Durch die zunehmende Besiedlung und die damit einhergehende Waldzerstörung wurde eine Umweltkatastrophe eingeleitet, die das heutige Bild der Burren nachhaltig prägt. Die empfindliche Bodenkrume wurde ihres schützenden Bewuchses beraubt, abgespült, fortgeweht. Die Überweidung trug das ihre zur fortschreitenden Verkarstung bei.

Verstärkt wurden diese Vorgänge um die Zeitenwende, als das Gebiet von keltischen Bauern dicht besiedelt und stark genutzt wurde. Noch heute zeugen hunderte von Ringforts, ein jedes Sitz eines Landwirtschaft treibenden Familienclans, davon. Viele dieser wehrhaften Wohnanlagen liegen jetzt in verkarsteten Steinwüsten, weit entfernt von jeglicher Weidemöglichkeit.

Seit frühchristlicher Zeit entstanden viele kleine und große Kirchen, Hochkreuze und Burgen, die meist einsam gelegen auf ihre Entdeckung warten. Sogar ein Bischofssitz wurde in Kilfenora gegründet, der heutzutage vom wohl bekanntesten Bischof weltweit geleitet wird, denn offiziell steht der Papst dem kleinen Bistum vor.

Zur Zeit Cromwells, als die Iren schweren Verfolgungen ausgesetzt waren, müssen die Burren schon ihr heutiges Erscheinungsbild geboten haben. Denn nur so ist der martialische Ausspruch eines der Führer der cromwellschen Truppen zu erklären: „Hier gibt es weder Bäume, um einen Mann daran aufzuhängen, noch genug Wasser, um ihn darin zu ertränken, noch genug Erde, um ihn begraben zu können."

Ausdrucksstarke Gesichter schmücken das romanische Portal der Kirchenruine von Dysert O'Dea.

Kein Wunder, dass dieser Landstrich in den Hungerjahren des letzten Jahrhunderts besonders hart getroffen wurde. Viele kleine Dörfer wurden damals verlassen und stehen heute halbverfallen und efeuüberwachsen an den Berghängen.

Sehenswertes: Nur selten wird man ein Gebiet finden, das mit so vielen unterschiedlichen Attraktionen aufzuwarten hat. Die Natur bietet eigenwillig geformte Berge, bizarre Felsküsten, Sandstrände, Höhlen und eine artenreiche Flora. Und wer sich für Geschichte interessiert, auf den warten in diesem einstmals dicht besiedelten Landstrich tausende zum Großteil völlig unbeachtete Monumente aus den vergangenen 5000 Jahren. Nur wenige der Sehenswürdigkeiten der Burren können im Rahmen einer Rundtour vorgestellt werden. Für weitere Entdeckungen sei das bei Tour 17 angeführte Kartenblatt empfohlen.

Am südöstlichen Rand der Burren liegt, eingebettet in eine liebliche Seenlandschaft, das hübsche Marktstädtchen **Corrofin**. Den nahen Inchiquin Loch überragen zwei mittelalterliche Burgen, und im Ort führt das Clare Heritage Centre in das 19. Jahrhundert zurück, als Hunger, Not und Vertreibung das Leben im Westen Irlands bestimmten.

Wenige Kilometer südlich von Corrofin liegen die Burg und das ehemalige Kloster von **Dysert O'Dea**. In der Turmburg ist eine Sammlung von Funden aus der Umgebung untergebracht; hier beginnt ein archäologischer Rundweg. Ein kurzer Spaziergang leitet zu den Überresten des Klosters, das im 8. Jahrhundert vom heiligen Tola gegründet wurde. Neben den Resten eines Rundturms steht die im 12. Jahrhundert erbaute Klosterkirche. In die Südfront ist ein herrliches romanisches Portal eingelassen, das durch die Darstellungen eigentümlicher Tiergestalten und ausdrucksvoller Gesichter besticht. Auf einer Wiese nahe der Kirche ragt das im 12. Jahrhundert geschaffene Hochkreuz von Dysert O'Dea auf, das zu den schönsten Beispielen des späten Hochkreuzstils zählt. Der Ring um das Kreuzzentrum ist nur noch angedeutet. Den Schaft beherrschen die großflächigen Darstellungen von Christus am Kreuz, Daniel in der Löwengrube und eines Bischofs.

> **Special**
>
> In Lisdoonvarna treffen sich seit über 100 Jahren die einfachen Leute, um sich dem Badevergnügen hinzugeben. Hier waren die Möglichkeit mit dem anderen Geschlecht in Kontakt zu kommen, anscheinend besonders günstig. So entwickelte sich der Ort nebenbei zu einer Art Heiratsmarkt. An diese Tradition erinnert bis heute das „Matchmaker Festival", das sich über den ganzen September hinzieht. Musik auf den Straßen und in den Pubs, Bier und Whiskey bringen nicht nur diejenigen in Stimmung, die auf Partnersuche sind.

Von Corrofin führt die Rundtour über **Killinaboy** mit einer interessanten Kirche aus dem 14. Jahrhundert und vorbei am **Leamaneh Castle**, das zwischen dem 15. und 17. Jahrhundert erbaut wurde, nach **Kilfenora**. Das kleine Dorf war einstmals das wichtigste Zentrum in den Burren. 1089 wurde der erste Bischof von Kilfenora eingesetzt. Zu dieser Zeit wurde mit dem Bau der Kirche begonnen, die in den folgenden Jahrhunderten mehrmals verändert wurde. Rund um die Kirche sind einige interessante Hochkreuze zu sehen. In einer nahen Wiese steht ein Westkreuz, das fast vollständig von Ornamenten bedeckt ist. Neben der Kirche findet man das „Doorty Cross" aus dem 12. Jahrhundert, das

Sehenswürdigkeiten von A bis Z   **105**

mit einigen figürlichen Darstellungen geschmückt ist. Mit 13 Pfarreien ist Kilfenora heute das kleinste Bistum in Irland. Seit über 100 Jahren ist es ohne eigenen Bischof, und seit dieser Zeit trägt der Papst diesen Titel. Eine Einführung in die Geschichte und Eigenart der Burren bietet das Burren Display Center.

Von Kilfenora führt die Fahrt nach **Lisdoonvarna**, dem einzigen Heilbad in Irland. Das radioaktive Quellwasser enthält Schwefel und Jod.

Von Lisdoonvarna geht die Fahrt, vorbei an der Ruine des Ballynalackan Castle, zur Küste. Die schmale Straße führt an Kalkklippen vorbei, an denen Kletterer turnen, nach Norden zum herrlichen Sandstrand von **Fanore**. Am aussichtsreichen **Black Head** überragt ein weißer Leuchtturm die bizarre graue Felslandschaft der Burren. Die Küstenlinie knickt an dieser Stelle nach Osten, und die Straße leitet unterhalb der bizarren Burren-Hügel in das hübsche Fischerdorf **Ballyvaghan**, das sich zum touristischen Zentrum am Nordrand der Burren entwickelt hat.

Von Ballyvaghan führt die N67 nach Süden in das Herz der Burren. Nach wenigen Kilometern ragt rechts der ungewöhnliche Turm des **Newton Castle** auf, der im 16. Jahrhundert erbaut wurde. Im Turm ist ein kleines Museum untergebracht, dessen Ausstellung von naturkundlichen Themen bis zu einer Sammlung altirischer Texte reicht.

Kurz vor der Zufahrt zum Newton Castle zweigt links die R480 ab, die zu den beiden Hauptsehenswürdigkeiten der Burren führt. Nach kurzer Fahrt bringt uns links ein Sträßchen zum Eingangsgebäude der **Ailwee Cave** hinauf. Ein Teil der kilometerlan-

Neben der Ruine der Klosterkirche und des Rundturms steht in Dysert O'Dea ein sehenswertes Hochkreuz.

gen Gänge wurde für Besucher begehbar gemacht. Die Knochen von Höhlenbären und ein Wasserfall bilden die Höhepunkte auf einem Gang durch die dramatisch beleuchteten Gänge und Hallen.

Die R480 führt anschließend auf die bizarre Hochfläche der Burren. Vorbei an unzähligen keltischen Steinforts und Steinzeitgräbern führt sie **zum Poulnabrone Dolmen**. Er wurde vor 4500 Jahren von Steinzeitmenschen errichtet und zählt heute dank seiner idealtypischen Form zu den eindrucksvollsten und bekanntesten Megalithgräbern in Irland. Übermannshoch öffnet sich das Portal zur Grabkammer; der tonnenschwere Deckstein scheint auf den Tragesteinen zu schweben. In südlicher Richtung läuft anschließend die R480 über die Hochfläche hinab zum Leamaneh Castle, an dem sich der Kreis der Rundtour schließt.

▶ CAHERCONREE FORT

Höhe: 680 m	Karte: B 8
	Wanderung: 13

Steile Klippen bestimmen am westlichen Ende der Dingle-Halbinsel das Bild der malerischen Küste.

Lage: Die → **Dingle-Halbinsel** ist die nördlichste der fünf großen Halbinseln im Südwesten Irlands. Ihren östlichen, dem Festland zugewandten Teil beherrschen die über 800 Meter hohen Slieve Mish Mountains. Auf einer Bergschulter unterhalb des westlichsten Gipfels liegt das Caherconree Fort.

Geschichte: An den Küsten Irlands kennt man eine Vielzahl sogenannter Promontory Forts, die in den Jahrhunderten vor Christi Geburt erbaut wurden. Sie liegen auf einer leicht zu verteidigenden Landzunge. Von der Meerseite her sind diese Plätze durch steile Klippen gesichert, während an der Landseite starke Mauern, Wälle und Gräben vor Angriffen schützen. Das im westlichen Teil der Halbinsel gelegene Dunbeg Fort (→**Dingle-Halbinsel**) bietet ein anschauliches Beispiel dieser Klippenfestungen. Eine Ausnahmestellung nimmt das im Landesinneren auf einem an drei Seiten steil abfallenden Bergsporn errichtete

Caherconree Fort ein. Es ist das bei weitem am höchsten gelegene Promontory Fort in Irland.

Irland ist reich an Sagen und Legenden, und solch ein auffälliges Bauwerk wie das Fort von Caherconree blieb natürlich nicht unbeachtet. Der Erbauer dieses Forts soll Curoi Mac Daire gewesen sein, ein legendärer König von Westmunster, mächtig von Statur und zusätzlich mit magischen Kräften ausgestattet. Er wird in vielen irischen und sogar in walisischen Sagen erwähnt.

Dieser Curoi Mac Daire raubte einem gewissen Cu Chulainn dessen schöne Freundin Blathnaid und brachte sie in das Fort von Caherconree. Durch einen Zauber veranlasste Curoi jeden Abend, bevor er sich schlafen legte, dass sich die Mauern des Forts schlossen und das Eingangstor nicht mehr zu finden war. Die geraubte Blathnaid hing jedoch an Cu Chulainn und half diesem durch eine List, in der Nacht in das Fort einzudringen. Anschließend erschlug Cu Chulainn den schlafenden Curoi Mac Daire. Das Caherconree Fort ist also der Todesort dieses mächtigen Königs, der in der irischen Folklore einen festen Platz einnimmt.

Sehenswertes: Unterhalb des 835 Meter hohen Gipfels des **Caherconree** liegt auf einer aussichtsreichen Bergschulter das gleichnamige **Promontory Fort**. Eine über 100 Meter lange Mauer, die teilweise noch eine Höhe von gut zwei Metern aufweist, sperrt einen Vorgipfel ab, der an den Außenseiten in steilen Flanken abbricht. Im Vorfeld sind noch andeutungsweise die Überreste eines Grabens zu erkennen sowie einige spitze, aufrecht gestellte Steine, die wohl mögliche Angreifer schon vor der Hauptmauer stoppen sollten.

▶ CAHERSIVEEN → Iveragh-Halbinsel

▶ CARROWMORE → Sligo

▶ CASTLETOWNBERE

Höhe: 0 – 20 m	Karte: A 9
Einwohnerzahl: 1500	Wanderung: 7, 8

Lage: Der geschäftige Hauptort der → **Beara-Halbinsel** liegt an einer geschützten Bucht an der Südküste, die durch das vorgelagerte Bear Island von der Bantry Bay getrennt ist.

Geschichte: Megalith-Gräber und Steinkreise beweisen, dass die Beara-Halbinsel schon in der Stein- und Bronzezeit besiedelt war. In der Bronzezeit, als Irland einer der wichtigsten Erzproduzenten Europas war, wurde möglicherweise hier schon Kupfer abgebaut. Im Mittelalter beherrschten die O'Sullivans von ihrem nahe Castletownbere erbauten Dunboy Castle die Gegend, bis die Burg 1602 von englischen Truppen zerstört wurde und die Burgherren fliehen mussten.

Der Besitz wurde an die englandtreue Familie Puxley übergeben. Sie kam im 19. Jahrhundert durch den Kupferabbau in den Bergwerken bei **Allihies** (→ **Beara-Halbinsel**) und die Ausbeutung der Arbeiter zu unermesslichem Reichtum und baute sich nahe Dunboy Castle ihr Herrenhaus Puxley's Castle. Daphne du Maurier nahm diese Familie als Vorlage für einen sozialkritischen Roman, den sie nach dem bedrohlichen Berg östlich von Castletownbere „Hungry Hill" (Tour 7) nannte. In Deutsch ist der Roman unter dem Titel „Die Erben von Clonmere" erschienen. Castletownbere wurde in dieser Zeit zum wichtigsten Erzhafen der Halbinsel. Später sorgte eine englische Marinebasis für bescheidenen Wohlstand, bis die Engländer 1935 endgültig abzogen. Da in der Folge die Stadt zu verarmen drohte, wurde Castletownbere dank staatlicher Fördermaßnahmen zu einem der wichtigsten Fischereihäfen in Irland ausgebaut.

Schiffe im Hafen von Castletownbere.

Sehenswertes: Die Stadt selbst hat abgesehen vom geschäftigen Hafen keine Attraktionen zu bieten. Lohnend ist ein Ausflug auf das vorgelagerte **Bear Island**, auf dem ein Abschnitt des **Beara Way** (→ **Beara-Halbinsel**) zu einer Entdeckungstour einlädt. Ab dem Hafen von Castletownbere besteht eine regelmäßige Fährverbindung. Am westlichen Ortsrand von Castletownbere leitet ein Sträßchen zu einem sehenswerten **Steinkreis** (beschildert).

Zwei Kilometer westlich der Stadt zweigt von der Hauptstraße die Zufahrt zum **Puxley's Castle** ab. Eigenartig und eigenwillig wirken die Reste des um 1870 vollendeten Schlosses, das im irischen Bürgerkrieg niedergebrannt wurde. Weiter östlich findet man an der Spitze einer Landzunge die Ruine des 1602 zerstörten **Dunboy Castle**, das als letzte Festung im Süden Irlands von den Engländern erobert werden konnte.

▶ CLARE ISLAND

Höhe: 0 – 462 m	Karte: B 4
Einwohnerzahl: 140	Wanderung: Tour 23

Lage: In der westirischen Grafschaft Mayo liegt die gebirgige Insel Clare Island, die südlich von → **Achill Island** als wuchtiger Klotz den Eingang in die Clew Bay sperrt.

Geschichte: Steinzeitgräber, Menhire und Promontory Forts belegen die weit zurückreichende Besiedlung von Clare Island. Im 16. Jahrhundert war die Insel der Hauptstützpunkt einer der eigenwilligsten Frauen der Geschichte, der Piratenkönigin **Grace O'Malley**. Von ihren Gegnern wurde sie gefürchtet, doch bei ihren irischen Landsleuten gilt sie bis heute als Nationalheldin. Um ihre Person ranken sich unzählige Geschichten und Legenden.

Als ihr Vater starb, drängte sie ihren jüngeren Bruder zur Seite und übernahm Kraft ihrer Ausstrahlung die Leitung ihres Clans. Bald beherrschte sie die irische Westküste von Achill Island bis hinunter zu den Aran-Inseln. Mit ihren ca. 20 Schiffen machte sie als Piratin die Küsten unsicher, wobei die bevorzugte Beute englische Handelsschiffe waren. Eine hohe Belohnung wurde auf ihren Kopf ausgesetzt, bis sie sich mit den Engländern arrangierte und fortan spanische Schiffe überfiel.

> **Special**
> Am Südufer der Clew Bay liegt das 1802 gegründete Dorf Louisburgh. In der ehemaligen protestantischen Kirche ist das **Granuaile Interpretative Centre** untergebracht, in dem historische Dokumente und ein Videofilm das Leben und die Zeit von Grace O'Malley beleuchten (geöffnet Mai, September und Oktober: Mo – Fr 10 – 17 Uhr; Juni bis August tägl. 10 – 17 Uhr; Auskunft Tel. (098) 66 195). Der Name Granuaile ist eine Ableitung vom Namen der Piratenkönigin, der auf Irisch Gráinne Ní Mháille lautet. Sechs Kilometer westlich starten vom Pier am Roonah Point das ganze Jahr über die Fähren nach Clare Island.

Sehenswertes: Am Hafenkai von Clare Island steht noch der Turm der **Burg**, in der Grace lebte. Angeblich ließ sie jede Nacht ihre Schiffe im nahen Hafen zusammenbinden und sich das Seil durch ein Loch in der Burgmauer reichen. So hatte sie auch nachts ihre kleine Flotte fest in der Hand.

2,5 Kilometer westlich des kleinen Hafens findet man über der Südküste die Ruine der um 1500 erbauten **Clare Abbey**. Im Chor sind eigentümliche mittelalterliche Fresken, die bis heute nur zum Teil gedeutet werden konnten. Ein Stein mit der Inschrift „Invincible on land and sea" (Unbesiegbar zu Lande und auf dem Wasser) soll die Stelle markieren, an der Grace O'Malley 1603 beerdigt wurde.

► CLIFDEN → Connemara

► CLIFFS OF MOHER

Höhe: 0 – 203 m   Karte: B 6
Wanderung: 16

Entstehung: Vor 400 bis 350 Millionen Jahren wurden die Gesteine, die das Kliff aufbauen, Schicht auf Schicht abgelagert. Später wurden sie gehoben und der Erosion ausgesetzt. Doch nicht immer branden seit jener Zeit die Meereswellen gegen diese Mauer. Immer wieder drang das Meer vor oder zog sich zurück. Während der letzten Eiszeiten, als weltweit viel Wasser in Form von Eis gebunden war, lag der Meeresspiegel fast hundert Meter tiefer als heute. So gehen erst während der letzten 20 000 Jahre die Wellen wieder ihrer zerstörerischen Beschäftigung nach. Und immer wieder brechen Teile der Kliffs ab.

Geschichte: Schon in der Steinzeit hielten sich Menschen in der Umgebung der Kliffs auf. Später, um die Zeitenwende, entstand am vorgeschobenen Hag's Head ein Promontory Fort, das für die Namengebung der Kliffs Pate stand. Mothar Ui Ruain wurde diese Stelle später genannt, übersetzt etwa „O'Ruan's zerstörtes Fort". Später wurden die plattigen Gesteine am oberen Kliffrand als Werksteine genutzt, wovon noch einige Steinbrüche auf dem Weg zum Hag's Head zeugen. Der Turm direkt am Head wurde erst 1808 als Ausguck gegen eine erwartete Invasion napoleonischer Truppen errichtet.

Cornelius O'Brien war Mitte des 19. Jahrhunderts der erste, der die touristischen Möglichkeiten dieser Landschaft erkannte. Er errichtete den nach ihm benannten Turm am Aussichtspunkt, nahe dem heutigen Parkplatz, von dem aus die ersten Touristen in luxuriöser Umgebung die Aussicht auf die Kliffs genießen konnten.

Sehenswertes: Die **Cliffs of Moher** bieten eines der berühmtesten und von der Natur am besten inszenierten Landschaftsbilder in Irland. Nach dem

Unterhalb des O'Brien's Tower trotzt ein von unzähligen Seevögeln besiedelter Felsturm der Brandung.

Anmarsch durch sanfte, grüne Wiesen, auf denen Kühe und Pferde weiden, steht man urplötzlich an der Abbruchkante der Kliffs, die einen sofort in ihren Bann ziehen. Wie für die Ewigkeit geschaffen reihen sich bis zum fünf Kilometer entfernten **Hag's Head** die Kliffvorsprünge auf.

Die vielen Nischen, die zwischen den unterschiedlich harten Gesteinsschichten eingelagert sind, bieten acht verschiedenen Gattungen von Seevögeln ideale Nistplätze. Die weißen Guanostreifen zeigen deutlich die **Brutkolonien** an, in denen vor allem im Frühjahr und Frühsommer Hochbetrieb herrscht. Die eindeutigen Lieblinge der vielen Besucher sind dabei die witzigen Papageitaucher.

Heute sind die Cliffs of Moher einer der Punkte, die auf dem Programm fast eines jeden Irlandurlaubers stehen. Ihr Ziel ist meist der nahe des Parkplatzes gelegene **O'Brien's Tower** am höchsten Punkt der Klippen. Hier muss man sich die – zugegebenermaßen herrliche – Aussicht meist mit hunderten von Touristen teilen, und der Rummel ist nicht jedermanns Sache. Entfernt man sich jedoch nur wenige hundert Meter vom breiten Touristenweg, kann man in überraschender Ruhe diese einzigartige Landschaft genießen.

Am Rande der Cliffs of Moher bietet eine Sandsteinplattform herrliche Ausblicke und atemberaubende Tiefblicke.

▶ CONNEMARA

Höhe: 0 – 729 m
Karte: B 4/5
Wanderung: 19, 20, 21

Lage: Nordwestlich von → **Galway** liegt zwischen der Galway Bay im Süden, dem Killary Harbour im Norden und dem Lough Corrib im Osten die herrliche Landschaft von Connemara. Hier befindet sich, wie an den gälischen Straßenschildern zu sehen ist, eines der größten → **Gaeltachtgebiete** Irlands.

Entstehung: Am Landschaftsbild lassen sich in Connemara deutlich zwei unterschiedliche Zonen ablesen. Den Süden bauen Granite auf, die vor ca. 400 Millionen Jahren entstanden. Sie bilden ein sanft geformtes, von den Eiszeitgletschern stark erodiertes Hügelland.

Special

Wer sich für irisch-keltische Musik interessiert, der sollte das **Craft Centre** am südlichen Ortsrand von **Roundstone** besuchen. Hier werden nicht nur CDs und Noten verkauft, sondern auch die typischen Instrumente der irischen Folk-Musik. Man kann den Handwerkern über die Schulter schauen, während sie Instrumente wie Harfen und Blechflöten herstellen. Bodhráns, die mit Ziegenhaut bespannten Trommeln, fertigt Malachy Kearns, der sogar auf einer irischen Briefmarke verewigt wurde.

Im Norden ragen die markanten Quarzitberge der **Twelve Bens** und der **Maumturk Mountains** auf. Vor ca. 600 Millionen Jahren wurde Sandgestein abgelagert, das später unter Druck und Hitze in den sehr harten Quarzit umgewandelt wurde. Die Eiszeitgletscher hobelten zwischen den einzelnen Gebirgszügen tiefe Täler und an den Bergflanken steile Kare aus.

Landschaftsbild: Verwirrend verzahnt begegnen sich in Connemara Land und Meer. Weit sind die Wege um die tief eingeschnittenen Buchten, in denen immer wieder die weißen Sandsicheln einsamer Strände liegen. Im Süden bestimmen rundbucklige Schären, die bei Sonnenuntergang rot in der blauen Fläche des Meeres aufleuchten, das Bild. Weiter nördlich schneiden sich schmale Fjorde tief ins Land. Zerfetzt, angefressen von der Brandung und immer einen Besuch wert, ist die Küste doch nur die eine Seite von Connemara.

Im südlichen Granithügelland sind eine Unmenge kleiner Seen die blauen Augen des dunklen, einstmals vom Eis überfluteten Moorlandes. An einer deutlichen Trennungslinie setzt nördlich das wilde Bergland Connemaras an, beherrscht von den Twelve Bens (→ **Tour 19**) und den Maumturk Mountains (→ **Tour 18**). Während die hellen Kegel der Twelve Bens der filigrane Spielplatz der Natur sind, beeindrucken die Maumturk Mountains durch ihre Geschlossenheit und Wucht.

Zwischen den einzelnen Quarzitbergstöcken haben die Eiszeitgletscher tiefe Täler ausgeräumt, in denen langgezogene Seen liegen. Ganz nahe liegen hier Süden und Norden beisammen. Hat man eben noch die Strenge der kahlen, von Mooren überzogenen Bergkegel vor Augen gehabt, wird man kurze Zeit später von einem dichten Rhododendrondschungel gefangen genommen, der in den geschützt liegenden Tälern wuchert.

Bunte Häuserfronten bestimmen das Ortsbild von Clifden, dem Zentrum Connemaras.

Sehenswürdigkeiten von A bis Z

Sehenswertes: Zentrum von Connemara und bester Ausgangspunkt für Entdeckungsfahrten ist das lebhafte Städtchen **Clifden**. Da der Ort Anfang des 19. Jahrhunderts gegründet wurde, fehlen historische Sehenswürdigkeiten. Trotzdem weiß Clifden mit seinen bunten Häuserzeilen zu gefallen. Die Stadt bietet eine große Auswahl an Lokalen und Unterkunftsmöglichkeiten. Eine erste Entdeckungsfahrt durch Connemara führt von Clifden entlang der Küste nach Süden. Nahe dem Weiler Ballinaboy erinnert ein Denkmal an die **Luftfahrtpioniere Alcock** und **Brown**, die 1919 nach der ersten Nonstop-Atlantiküberquerung im Flugzeug hier landeten. Vorbei an inselübersäten Buchten und herrlichen, ruhigen Sandstränden führt die Küstenstraße in den hübschen, im 19. Jahrhundert gegründeten Hafenort **Roundstone**.

> **Tipp:** Wenige Kilometer, bevor man Clifden erreicht, liegt am Südfuß der Twelve Bens das **Connemara Heritage & History Centre** (geöffnet Ostern bis Oktober täglich 10 – 18 Uhr). Ein restaurierter Hof aus der ersten Hälfte des 19. Jahrhunderts wird nach althergebrachter Art bewirtschaftet. Man kann beim Torfstechen oder bei der Kartoffelernte helfen. Weiter zurück in die irische Geschichte führen die Nachbauten eines Crannog, einer aufgeschütteten Wohninsel, und einer Fulacht Fiadh, einer Erdgrube, in der mit Hilfe aufgeheizter Steine gekocht wurde.

Von Roundstone folgen wir weiter der Küste zur Tombeola Bridge. Dort leitet ein Abkürzer vorbei am Ballynahinch Castle (→ **Tour 19**), in dem heute ein Hotel untergebracht ist, nach Norden. Wir folgen jedoch noch der Küste nach Osten. Vorbei an den beiden Luxushotels in **Cashel**, in denen schon berühmte Persönlichkeiten wie Charles de Gaulle übernachtet haben, erreicht man die R340. Nach Süden führt die Straße immer an der dünn besiedelten Küste entlang, bis man nach 85 Kilometern → **Galway** erreicht.

Wir wenden uns jedoch nach Norden, um westlich von Recess auf die N59 zu stoßen. Wir halten uns links und kehren auf der Nationalstraße nach Clifden zurück.

Ein zweiter Ausflug führt von Clifden nach Norden. Man folgt der N59 nach Norden. Bald zweigt links die Ringstraße um die Halbinsel von Claggen ab. Bei Claddaghduff kann man die meiste Zeit über einen Sandstrand zur vorgelagerten Insel **Omey Island** hinüberwandern. Durch schönes Heideland führt das Sträßchen nahe der Küste weiter nach **Cleggan**.

Von Claggan fährt man zurück zur N59 und auf ihr in das 1849 von Quäkern gegründete Dorf **Letterfrack**. Am Ortsrand befindet sich das Besucherzentrum des **Connemara National Park** (geöff-

An einem malerischen, einsamen See wurde im 19. Jahrhundert das Kylemore Abbey genannte Schloss erbaut.

net Mai und September täglich 10 – 17.30 Uhr, Juni bis August täglich 10 – 18.30 Uhr). Die interessante Ausstellung führt in die Natur des 20 km² großen Parks ein, der sich über die Berge am Nordrand der Twelve Bens erstreckt. Lehrpfade und geführte Wanderungen ergänzen das Programm.

Weiter auf der N59 erreicht man nach kurzer Fahrt die **Kylemore Abbey**, ein im 19. Jahrhundert von einem Engländer errichtetes Schloss. Mit seinen unzähligen Türmen und Zinnen gehört das malerisch am Ufer eines Sees gelegene Gebäude zu den meistfotografierten Ansichten in Connemara. Heute befindet sich im Schloss ein Benediktinerinnenkloster mit angeschlossener Mädchenschule. Zu besichtigen sind die Kirche und eine große Halle.

Vom Schloss fährt man auf der N59 weiter in Richtung Killary Harbour, bis man nach vier Kilometern rechts in die R344 einbiegt. Das schmale Sträßchen führt durch das schönste Tal in Connemara, das **Inagh Valley**. Die Eiszeitgletscher haben die tiefe Furche

> **Special**
>
> Im Fischerdorf Cleggan starten die Fähren zur sanften Insel Inishbofin, auf der die Uhren langsamer gehen. Das sagenumwobene Eiland, das zur Zeit Cromwells als Verbannungsort diente, bietet sich für Tagesausflüge ebenso an wie für längere Aufenthalte. Schöne Strände, einsame Seen und Felsküsten, an denen man mit etwas Glück Robben beim Sonnenbad beobachten kann, laden zu Erkundungstouren ein. Die besten Auskünfte zur Insel erhält man in Clifden im Island House an der Market Street, Tel. (095) 21 379. Mehrere Fährunternehmen fahren jeweils, abgestimmt auf die aus Clifden ankommenden Busse, am frühen Vormittag zur Insel und am späten Nachmittag wieder zurück. Auf der Insel gibt es zwei Guesthouses und ein Hostel.

zwischen die Quarzitkegel der **Twelve Bens** (→ Tour 19) und die langgestreckte, dunkle Mauer der **Maumturk Mountains** (→ **Tour 18**) geschürft. Um 700 Meter überragen die Berggipfel den Wasserspiegel des Lough Inagh, der den Talgrund einnimmt. Im Süden trifft die schmale Straße wieder auf die N59, die nach Clifden zurückführt.

▶ CORROFIN → Burren

▶ CROAGH PATRICK

Höhe: 764 m	Karte: Wanderung: 22

Lage: In der Grafschaft Mayo strebt zehn Kilometer westlich der Stadt → **Westport** am Südufer der Clew Bay der heilige Berg der Iren, der Croagh Patrick, in den Himmel.

Geschichte: Die edle Kegelform des Croagh Patrick und die isolierte Lage dieses Quarzitberges zogen wohl schon immer die Menschen an, die eine Brücke zwischen der Erde und dem Himmel suchten. Auf dem Gipfel befand sich ein keltisches Heiligtum. Noch heute stehen am westlichen Rand der Gipfelhochfläche sogenannte Cairns, große Steinmänner, die wahrscheinlich von keltischen Druiden errichtet wurden.

Im Jahre 441 zog sich Patrick, der Nationalheilige der Iren, auf den nach ihm benannten Berg zurück. 40 Tage lang soll er hier gebetet und gefastet haben. Über den Grund, warum sich der hl. Patrick diesen Gipfel zum Ort seiner Meditation erwählte, kann man lediglich spekulieren. Vielleicht kannte er den Berg aus der Zeit, in der er als Kind, nachdem er auf einem irischen Beutezug in England geraubt worden war, hier in der Nähe als Sklave Rinder hüten musste. Vielleicht aber auch wollte er der Bevölkerung beweisen, dass ihm die Götter der Druiden nichts anhaben konnten.

In späteren Jahrhunderten rankten sich Mythen um den Aufenthalt des hl. Patrick auf seinem Berg, die ihn als unerbittlichen

Vom Wallfahrtsweg auf den Croagh Patrick geht der Blick hinab auf die inselübersäte Clew Bay.

Streiter für das Wohl seiner Iren erscheinen lassen. So soll er dem Allmächtigen die Zusage abgetrotzt haben, dass er, Patrick, beim Jüngsten Gericht als alleiniger Richter über die Iren fungieren dürfe. Außerdem verbannte er sämtliche Untiere von der Insel. Aus diesem Grund muss man sich bis heute auf einer Wanderung in Irland nicht vor Schlangen fürchten.

Wahrscheinlich noch zu Lebzeiten des hl. Patrick wurde schon die erste Wallfahrt auf den Croagh Patrick abgehalten. Sie fand ursprünglich am 17. März statt, doch nach und nach wurde dieser Termin in den Sommer verschoben, und im 15. Jahrhundert wurde vom Papst der letzte Julisonntag als offizieller Termin anerkannt.

Sehenswertes: Von den alten Kapellen auf dem Gipfel, die einst den Endpunkt der Wallfahrt markierten, ist kaum etwas erhalten geblieben. Das Gebetshaus, das heute den Gipfel ziert, wurde 1905 eingeweiht und damit die Wallfahrt neu belebt, die in den Jahren der Unterdrückung durch die Engländer und in den Hungerjahren im 19. Jahrhundert etwas in Vergessenheit geraten war. Heute ist der **Croagh Patrick** eindeutig der meistbestiegene Berg in Irland. Über 50 000 Besucher sollen es jährlich sein. Am Tag der Wallfahrt kann man immer noch wie in alter Zeit viele Barfüßige auf dem steinigen Weg zum Gipfel beobachten. Auch wer nicht ausschließlich aus regligiösen Gründen den Gipfel bezwingt, wird durch eine herrliche Aussicht belohnt, die bis zu den Bergen → **Connemaras** reicht. Zu Füßen des Berges liegt die weite Clew Bay mit ihren angeblich genau 365 Inselchen, für jeden Tag eines.

Wer nach der nicht allzu anstrengenden Besteigung des Wallfahrtsberges noch die Muse findet, der kann dem im 15. Jahrhundert erbauten **Augustinerkloster** von **Murrisk** einen Besuch abstatten. Der Zugang befindet sich gegenüber dem Wallfahrerparkplatz auf der anderen Straßenseite.

▶ **DERRYNANE NATIONAL HISTORIC PARK**
→ **Iveragh-Halbinsel**

▶ **DEVIL'S PUNCH BOWL** → **Killarney**

▶ **DINGLE** → **Dingle-Halbinsel**

▶ DINGLE-HALBINSEL

Höhe: 952 m *Karte: A/B 7/8*
Wanderung: 13, 14, 15

Lage: Die Dingle-Halbinsel ist die nördlichste der fünf großen Halbinseln, die sich im Südwesten Irlands weit in die Fluten des Atlantischen Ozeans hinausstrecken. Im Westen der Halbinsel ist noch oft der eigenartige Klang der alten keltischen Sprache zu hören. Hier befindet sich eines der sogenannten → **Gealtacht-Gebiete**, für deren Einwohner das Gälische bis heute Muttersprache geblieben ist.

Sehenswertes: Die Dingle-Halbinsel ist übersät mit einer Vielzahl steinerner Zeugen der verschiedensten Geschichtsepochen. Rund um die Halbinsel führen gut ausgebaute Straßen zu den historischen und landschaftlichen Höhepunkten der Dingle-Halbinsel.

In Castelmaine zweigt die R561 von der N70 ab und leitet entlang der Südküste hinaus auf die Halbinsel. Über Aughils, wo die Zufahrt zum sagenumwobenen → **Caherconree Fort** abzweigt, führt die Straße nach **Inch**. Weit streckt sich hier eine Halbinsel in die Dingle Bay, deren kilometerlanger Sandstrand zum Baden oder Spazierengehen einlädt.

Nach Inch schwenkt die Straße bald ins Landesinnere und leitet über Anascaul nach **Dingle**, dem Hauptort auf der Halbinsel. Die fröhlich bunten Häuserzeilen und eine große Auswahl an Restaurants und Übernachtungsmöglichkeiten machen die westlichste Stadt Europas mit seinem weiten Naturhafen zu einem beliebten Feriendomizil. Dingle ist ein idealer Ausgangspunkt, um die herrliche Westspitze der Halbinsel zu erkunden.

Mächtige Mauern umgeben das vorgeschichtliche, an der Südküste der Dingle-Halbinsel gelegene Dunbeg Fort.

Von Dingle leitet eine Panoramastraße rund um die Westspitze der Dingle-Halbinsel. Vorbei an der weitgeschwungenen Bucht des **Ventry Harbour** mit ihrem herrlichen Sandstrand führt die R559 an die Südhänge des **Mount Eagle** (→ **Tour 15**).

Unterhalb der Straße findet sich das **Dunbeg Fort**. Dieses Promontory Fort wurde vor 2000 bis 2500 Jahren er-

baut und gehört zu den besterhaltenen Anlagen dieser Art in Irland. Mehrere Erdwälle und eine drei Meter dicke Steinmauer sperren auf der Landseite eine Halbinsel ab, die zum Meer in senkrechten Klippen abfällt. Im Innenraum, aus dem ein versteckter Gang nach draußen führt, ist eine in Trockenbauweise errichtete Hütte zu sehen. Wer diese Wehranlage errichtet hat, ist bis heute nicht endgültig geklärt.

Auf der Weiterfahrt nach Westen locken mehrmals sogenannte **Beehive Huts** zu einem Zwischenstopp. Diese ohne Mörtel aufgeschichteten Rundgebäude verdanken ihren Namen dem bienenkorbartigen Aussehen. Bekannt ist diese Bauweise aus frühchristlichen Klöstern wie jenem auf den → **Skellig-Inseln**.

Vor über 1000 Jahren wurde im Westteil der Dingle-Halbinsel das Gallarus Oratory erbaut.

Je näher man nun der Westspitze der Dingle-Halbinsel und damit dem westlichsten Punkt Europas kommt, desto dramatischer wird die Landschaft. Vom schmalen, in die Klippen gesprengten Sträßchen am **Slea Head** öffnet sich der Blick zu den wilden → **Blasket-Inseln**. Die Straße knickt nach Norden und führt entlang der berauschend schönen Küste über **Dunquin** (→ **Blasket Inseln**) nach Norden. Bald wird der Blick frei auf die bei Kletterern beliebten Klippen am Sybil Point, auf die drei eigenwilligen Erhebungen der Three Sisters und auf den breiten Bergrücken des → **Brandon Mountain**.

Zwei Kilometer östlich von Ballyferriter liegen nahe der Straße die Reste der im 5. oder 6. Jahrhundert gegründeten Klostersiedlung von **Reask**. Zwischen den alten Hütten und der ehemaligen Kapelle findet man einen wundervollen, in frühchristlicher Zeit mit Ranken und einem Kreuz verzierten Stein.

Nach weiteren zwei Kilometern erreicht man das berühmteste Bauwerk auf der Dingle-Halbinsel, das **Gallarus Oratory**. Wie die übrigen frühchristlichen Bauwerke dieser Gegend hängt auch diese Kapelle mit der Wallfahrt auf den → **Brandon Mountain** zusammen. Das eigenartige Gotteshaus wirkt wie ein Boot, das kieloben am Strand liegt. Aus perfekt behauenen Steinen ohne jede Verwendung von Mörtel aufgeschichtet, trotzt das Gebäude

Sehenswürdigkeiten von A bis Z

> **Special**
>
> Zwei Attraktionen hat das Hafenstädtchen **Dingle** zu bieten, die natürlich beide im Zusammenhang mit dem Meer stehen. Star des Ortes ist **Fungie**, ein zahmer Delphin, der seit 1983 fast täglich am Eingang zur Hafenbucht von Dingle erscheint und freiwillig seine Kunststücke vorführt. Täglich fahren Boote zu Fungie und die Ausflügler können mit dem Delphin zusammen sogar schwimmen.
>
> Zweiter Anziehungspunkt ist die **Mara Beo Dingle Oceanworld** in der Strand Street (geöffnet täglich von 9.30 bis 19 Uhr; letzter Einlass 18 Uhr), eine hervorragend gestaltete Erlebniswelt, die als Unterwasserreise rund um den westlichen Teil der Dingle-Halbinsel aufgebaut ist. Man begegnet Tieren und Pflanzen ebenso wie der spanischen Armada und dem heiligen Brandon (→ **Brandon Mountain**) auf seiner Reise über den Atlantik.

schon seit über 1000 Jahren dem stürmischen Klima.

In einem Bogen leitet jetzt die Straße, vorbei an den Sandstränden in der weiten Bucht des Smerwick Harbour, zur frühchristlichen Klostersiedlung von **Kilmalkedar**. Die romanische Kirche aus dem 12. Jahrhundert ist am Portal und am Chorbogen mit wundervollen Skulpturen geschmückt. In der Kirche befindet sich ein Alphabetstein, bei dem keltische Oghamschriftzeichen neben lateinischen Buchstaben stehen. Rund um das Gotteshaus findet man weitere Oghamsteine, ein aus einem einzigen Block gehauenes Kreuz und St. Brandon's Oratory, ein frühchristliches Gebetshaus.

Die R559 bringt uns anschließend zurück nach Dingle, wo die Straße zum **Connor-Pass** beginnt. Von der Passhöhe hat man einen herrlichen Blick über ein seenerfülltes Tal zum → **Brandon Mountain** und zur weitgeschwungenen Brandon Bay mit ihren kilometerlangen Sandstränden. Durch wilde Berglandschaft geht es vom Pass hinab an die Nordküste der Dingle-Halbinsel. Vor allem auf der Halbinsel, die sich von **Castlegregory** zum Rough Point erstreckt, laden hervorragende Badestrände zum Verweilen und Schwimmen ein.

 DOOGORT → **Achill Island**

 **DRUMCLIFF**

Höhe: 10 m	*Karte: D 3*
	Wanderung: 26

Lage: Sechs Kilometer nördlich von Sligo liegen an der N15 die wenigen Häuser des Dörfchens Drumcliff.

Geschichte: Im 6. Jahrhundert gründete der heilige Kolumban der Ältere, bekannt unter dem Namen Culumcille (Taube der Kir-

che), in Drumcliff ein Kloster. Dass die „Taube" nicht so friedlich gestimmt war wie ihr Name vermuten lässt, zeigt eine der eigentümlichsten Schlachten in der irischen Geschichte. Columcille hatte im Kloster des heiligen Finian auf der nahen Insel Inishmurray heimlich ein Buch abgeschrieben. Da der heilige Finian die Kopie zurückhaben wollte und Columcille sich weigerte, kam es zwischen den Anhängern der streitbaren Heiligen nördlich von Drumcliff zur „Battle of the Books", in deren Verlauf 3000 Männer ihr Leben ließen. Obwohl Columcille siegte, wanderte er anschließend von schlechtem Gewissen geplagt nach Schottland aus und gründete dort das berühmte Kloster von Iona.

Anfang des 20. Jahrhunderts besang der irische Literatur-Nobelpreisträger William Butler Yeats das Land am Fuße des **Benbulbin** (→ **Tour 26**). Yeat's letzter Wunsch war es, in Drumcliff bestattet zu werden, wo sein Großvater Pfarrer gewesen war.

Neben den Resten eines Rundturms erinnert ein sehenswertes Hochkreuz an das frühchristliche Kloster in Drumcliff.

Sehenswertes: Nahe der im 19. Jahrhundert erbauten Kirche von Drumcliff markiert der Stumpf eines **Rundturms** den Platz, an dem das frühchristliche Kloster gegründet wurde. In Richtung Kirche steht ein herrliches **Hochkreuz** aus dem 10. Jahrhundert. Fein gearbeitete Ornamente umranken ausdrucksstarke Szenen aus dem Alten und Neuen Testament. Neben dem Eingang zur Kirche findet man das Grab von **William Butler Yeats**. „Wirf einen kühlen Blick auf das Leben, auf den Tod – Reitersmann, dann ziehe weiter!", lautet die Übersetzung des berühmten Verses, den Yeats für sein eigenes Grab verfasst hatte.

 DUBLIN

Höhe: 0 – 120 m	Karte: G 5
Einwohnerzahl: ca. 500 000, im Großraum ca. 900 000	Wanderung: 1, 2, 3

Lage: An der irischen Ostküste liegt Dublin, die Hauptstadt der Republik Irland und das unbestrittene politische, wirtschaftliche und kulturelle Zentrum des Landes. Lebensader der Stadt ist der River Liffey, der in die weite, von zwei Landzungen geschützte Hafenbucht Dublins mündet.

Geschichte: Eine Furt, an der die alte keltische Königsstraße den Liffey quert, ist die Keimzelle des heutigen Dublin. Hier lag die wenig bedeutende keltische Siedlung Dubh Linn (dunkler Teich), die der Stadt ihren Namen gab. Erst die Wikinger erkannten die geographisch und strategisch günstige Lage am Fluss. Sie bauten hier ab dem 9. Jahrhundert einen befestigten Ort, der wichtiger Stützpunkt für ihre Handels- und Raubzüge wurde. Nach wechselvollen Kämpfen mit den Iren vertrieben 1170 englische Normannen endgültig die Wikinger. Die Normannen wurden die neuen Herren Irlands und bauten Dublin zu ihrem wichtigsten Stützpunkt aus. Die Stadt, die so günstig dem englischen Mutterland gegenüber lag, wurde mit einem Palisadenzaun umgeben, dem sogenannten „Pale", und blieb bis in das 20. Jahrhundert eine Trutzburg normannischer und später britischer Herrschaft über Irland. Im 18. Jahrhundert erreichte Dublin seine Blütezeit, als es zu einer der wichtigsten Städte des britischen Empire wuchs und die Einwohnerzahl von 50 000 auf 200 000 stieg. Vom Glanz dieser Zeit, der durch das Elend der einfachen, meist katholischen Bevölkerung erkauft war, zeugen die vielen, im georgianischen Stil errichteten Villen Dublins.

Diese kurze Phase endete schon Anfang des 19. Jahrhunderts. Unter dem Einfluss verstärkter politischer Unterdrückung konnte Dublin kaum am industriellen Aufschwung des englischen Mutterlandes teilhaben. Die Stadt verarmte und verfiel zusehends. Während des Osteraufstandes 1916 und des Bürgerkrieges 1922 wurden viele Gebäude zerstört. Nachdem die Innenstadt auch in den folgenden Jahrzehnten arg vernachlässigt wurde, zeigen die seit den 80er Jahren unternommenen Sanierungsversuche nun deutliche Erfolge. Der Titel „Kulturhauptstadt Europas", mit dem sich Dublin im Jahre 1991 schmücken durfte, gab diesen Bemühungen weiteren Auftrieb.

Sehenswertes: Da sich die Sehenswürdigkeiten Dublins

> **Tipp**
>
> Verschiedene Veranstalter bieten Stadtführungen mit Bus, Fahrrad oder zu Fuß, die entweder zu den bekannten Sehenswürdigkeiten führen oder sich bestimmten Themen wie Literatur, Musik oder Geschichte widmen.
>
> Besonders originell ist der sogenannte „Literary Pub Crawl". Mit Schauspielern besucht man verschiedene Pubs, in denen Schriftsteller aus Dublin verkehrten. Kleine Aufführungen und Lesungen, die Bezug auf das jeweilige Pub und seine literarischen Besucher nehmen, ergänzen das feucht-informative Programm. Treffpunkt ist „The Duke" in der Duke Street, eine Querstraße zwischen Trinity College und St. Stephen's Green. Die Führungen beginnen zwischen Ostern und Oktober täglich um 19.30 Uhr, im März und November donnerstags, freitags und samstags um dieselbe Zeit (Auskunft, Tel. (01) 454 02 28).

in einem engen Bereich im Zentrum der Stadt konzentrieren, kann man sich problemlos zu Fuß auf Entdeckungstour begeben. In der Innenstadt sind nach unterschiedlichen Themen aufgeteilte Besichtigungswege ausgeschildert, zu denen man in der Tourist Information Karten bzw. Broschüren erhält.

Von der Fülle an sehenswerten Gebäuden, Museen und Sammlungen Dublins kann auf einem Rundgang, der nördlich des River Liffey an der Tourist Information in der O'Connel Street beginnt, lediglich das Wichtigste erwähnt werden. Vorbei am

Das dynamische und jugendlich geprägte Dublin ist die bei weitem größte Stadt in Irland.

Hauptpostamt, das noch die Schussspuren des Osteraufstandes von 1916 trägt, führt die O'Connell Street nach Süden zum River Liffey. Südlich der O'Connell Bridge leitet die Westmoreland Street geradewegs zum imposanten Gebäude der **Bank of Ireland**. Es wurde 1729 als Parlamentsgebäude erbaut, verlor aber 1802 nach der Auflösung des Parlaments seine Funktion. Östlich der Bank of Ireland erstreckt sich am Südufer des River Liffey das Viertel **Temple Bar**, das sich in den letzten Jahren zum Zentrum des Dubliner Kultur- und Nachtlebens entwickelte.

Gegenüber der Bank of Ireland liegt das **Trinity College**. Auf dem Gelände der Universität wird in der **Old Library** neben anderen wertvollen Büchern das wohl bedeutendste Kunstwerk Irlands verwahrt, das **Book of Kells**. Die prachtvolle, reich verzierte Handschrift entstand im 8. Jahrhundert und gilt als Höhepunkt abendländischer Buchmalerei (Besichtigung Montag bis Samstag von 9.30 – 17 Uhr, Sonntag von 12 – 17 Uhr). Im Arts Building des Trinity College lockt eine weitere Attraktion, eine **Dublin Experience** genannte Multi-Media-Show zur Geschichte Dublins (Vorstellung von Mai bis September jeweils zur vollen Stunde von 10 – 17 Uhr).

Südlich des Trinity College, jenseits der Nassau Street, findet man an der Kildare Street die **Nationalbibliothek** und vor allem das sehenswerte **National Museum**, das besonders durch seine kostbaren Kunstwerke aus dem Mittelalter begeistert. Am südlichen Ende der Kildare Street erreicht man den Park **St. Stephen's Green**, der von schönen georgianischen und viktorianischen Gebäuden umgeben wird. Geht man dort nach links und dann erneut links in die Merrion Street, erreicht man, vorbei am **Parlamentsgebäude** im 1745 erbauten Leinster House, die **Nationalgalerie** mit ihrer umfassenden Gemäldesammlung.

Am nördlichen Ende der Merrion Street biegt man links in die Nassau Street und geht geradeaus, bis man auf die Dame Street trifft. Auf ihr links an der Südseite des Viertels Temple Bar zur **City Hall**, dem im 18. Jahrhundert erbauten Rathaus südlich der Straße. Hinter der City Hall liegt **Dublin Castle**, die im 18. und 19. Jahrhundert stark veränderte mittelalterliche Stadtburg.

An der City Hall geht die Dame Street in die Ld. Edward Street über und leitet uns zur Kreuzung, an der rechts die mittelalterliche **Christ Church Cathedral** steht, die im 19. Jahrhundert stark verändert wurde. Interessant ist die große mittelalterliche Krypta. Gegenüber der Kirche findet man die **Dublinia**, eine Ausstellung, die die mittelalterliche Geschichte der Stadt beleuchtet. Links führt die Nicolas Street geradewegs zur **St. Patrick's Cathedral**, der größten Kirche Irlands, die im 13. Jahrhundert erbaut und bis ins 19. Jahrhundert stetig verändert wurde.

Von dieser Kirche gehen wir auf dem bekannten Weg zurück und dann geradeaus zum River Liffey. Wir halten uns nach der Brücke links und gehen, vorbei an dem um 1800 erbauten Gerichtsgebäude **Four Courts**, zur Church Street. Sie führt rechts zur 1095 erbauten Kirche **St. Michan's** mit herrlichem Schnitzwerk an der Empore. Bekannt ist diese Kirche vor allem durch die mumifizierten Leichen in der Krypta. Von der Kirche geht man kurz die Church Street zurück, biegt links in die Mary's Lane und wandert geradewegs zurück zur O'Connell Street.

Eine Anzahl von Brücken überspannt den River Liffey, der Dublin in einen südlichen und einen nördlichen Teil trennt.

▶ DUN AENGUS FORT → Inishmore

▶ DUNBEG FORT → Dingle-Halbinsel

▶ DURSEY ISLAND

Höhe: 0 – 252 m   Karte: A 9
Wanderung: 8

Lage: An der Westspitze der → **Beara-Halbinsel** trennt ein schmaler Meereskanal, den heute die einzige Seilbahn Irlands überspannt, Dursey Island vom irischen Festland.

Geschichte: Das Leben auf der seit Jahrtausenden besiedelten Insel war wohl nie einfach. Viehzucht, Ackerbau und die Früchte des Meeres sicherten ein bescheidenes Auskommen. Die größten Gefahren kamen immer von außen, vom Meer her. Hier kreuzten Wikinger und Seeräuber vor der schutzlosen Insel. 1602 tauchten britische Schiffe vor Dursey Island auf, zerstörten die kleine Burg und töteten anschließend 300 Zivilisten. Die große Hungersnot Mitte des 19. Jahrhunderts traf das Eiland nicht so hart wie manch anderes Gebiet in Irland, da das Meer zusätzliche Nahrung bot. Doch viele Einwohner wanderten in der Folgezeit aus, und erst Anfang des 20. Jahrhunderts war die ursprüngliche Einwohnerzahl wieder erreicht. Nach dem Zweiten Weltkrieg verließen jedoch immer mehr Bewohner das Eiland, und heute leben hier lediglich ein paar meist älterer Menschen. Daran ändert auch die abenteuerliche Seilbahn nichts, die seit 1969 Dursey Island mit dem Festland verbindet.

Sehenswertes: Am Ostende der Insel findet man am Friedhof die Reste eines alten **Klosters**. Auf der vorgelagerten Insel Illanebeg sind die Grundmauern der 1602 zerstörten **Burg** zu erkennen. Zwischen Ballynacallagh und Kilmichael steht unterhalb der Inselstraße ein **bronzezeitlicher Menhir** und in der Nähe ein in der Bronzezeit mit Ornamenten **verzierter Stein**.

Die größte Attraktion der Insel ist allerdings die herrliche, einsame Landschaft. Vor allem an der Westspitze, dem **Dursey Head**, begeistern die Ausblicke. Vor dem Kap schwimmen die drei Inseln **The Calf**, **The Cow** und **The Bull** im Meer. Deutlich sind auf The Calf noch die Reste des alten Leuchtturms zu erkennen, der 1866 fertiggestellt worden ist. In den folgenden Jahren verloren mehrere Seeleute bei Versorgungsfahrten zum nur schwer anzulaufenden Felsen ihr Leben. Im November 1881 wurde während schwerer Stürme die Turmspitze von einer riesigen Welle zerstört. Die Besatzung des Leuchtturms konnte wegen anhaltender Unwetter erst nach wochenlangen Versuchen in einer dramatischen Rettungsaktion geborgen werden. 1889 wurde daraufhin weiter nördlich der Leuchtturm auf dem größeren und sichereren Bull Rock in Betrieb genommen.

DYSERT O'DEA → Burren

GALLARUS ORATORY → Dingle-Halbinsel

GALWAY

Höhe: 0-30 m	Karte:
Einwohnerzahl: 50 000	Wanderung: 17, 18, 19, 20

Lage: An der Mündung des River Corrib in die weite Galway Bay liegt die Stadt Galway, das Zentrum des irischen Westens.

Geschichte: An der Stelle, an der heute die Stadt liegt, befand sich schon im frühen Mittelalter ein Fischerdorf. Es wurde im 13. Jahrhundert von Anglo-Normannen übernommen und zum bedeutendsten englischen Vorposten im irischen Westen ausgebaut. Ab dem 14. Jahrhundert teilten sich die 14 einflussreichsten Kaufmannsfamilien die Macht über die Stadt, zu der den Iren der Zugang verwehrt war. Durch enge Handesbeziehungen zu Spanien und Portugal erlangte Galway Reichtum und Macht, ehe die Stadt 1652 von Cromwell und 1666 von Wilhelm von Oranien zerstört wurde. Der Niedergang des Handels mit Spanien tat ein Übriges für den Abstieg der Stadt, die erst in den letzten Jahren durch einen ungeahnten wirtschaftlichen und kulturellen Boom wieder zum bedeutendsten Zentrum im Westen Irlands aufstieg.

Der Spanish Arch erinnert an die Zeiten, als Galway noch lebhafte Handelsbeziehungen mit Spanien unterhielt.

Traurige Berühmtheit erlangte James Lynch, der nach der Frmordung eines spanischen Gastes durch seinen Sohn als Stadtoberhaupt das Urteil zu fällen hatte. Er verurteilte ihn zum Tod durch den Strang und vollstreckte, nachdem sich kein Henker gefunden hatte, persönlich das Urteil. So ging der Familienname als der weltweit verabscheute Begriff Lynchjustiz in die Sprache ein.

Sehenswertes: Östlich des River Corrib lädt die **Altstadt** von Galway mit ihren verwinkelten Gassen, Pubs und Studenten-

kneipen zu einer Entdeckungstour ein. Es gibt nur wenige Sehenswürdigkeiten zu bestaunen, und doch weiß dieses Viertel mit seiner weitgehend geschlossenen Bebauung zu gefallen. Dank der vielen jungen Leute und der Plätze strahlt es an sonnigen Tagen ein fast südländisch anmutendes Flair aus. Im Süden der Altstadt steht nahe der Claddagh Bridge, die nach dem alten Fischerviertel am Westufer benannt ist, der **Spanish Arch**. Er war Teil der alten Stadtbefestigung und beherbergt heute das Stadtmuseum. Im Zentrum der Altstadt steht das **Lynch Castle**, die Stadtburg der gleichnamigen Patrizierfamilie. Wenig westlich des Lynch Castle findet man an der Market Street die im 14. Jahrhundert erbaute normannische Stadtkirche St. Nicholas, die viel der mittelalterlichen Substanz bewahren konnte. Gegenüber der Kirche soll an der Wand des alten Gefängnisses das „Lynch's Window" jene Stelle bezeichnen, an der die (siehe Kasten) erwähnte Hinrichtung stattfand.

Jedes Jahr Ende September feiern Galway und die südlich an der Galway Bay gelegenen Nachbarortschaften das große Austernfestival. Neben den fangfrischen Meeresfrüchten bietet das Festival Musik in den Pubs und Theatergruppen auf den Straßen.

Das ganze Jahr über wird in den vielen Pubs in der Altstadt von Galway eine breite Auswahl an Musik geboten. Das Programm reicht von traditioneller Folk-Musik über Jazz bis zu modernem irischen Rock. Eine musikalische Rundtour durch die Pubs ist bei den geringen Entfernungen problemlos zu bewerkstelligen.

▶ GAP OF DUNLOE → Killarney

▶ GARTAN LOUGH → Glenveagh-Nationalpark

▶ GLENCOLUMBKILLE

| Höhe: 0 – 50 m | Karte: D 2 |
| Einwohnerzahl: 250 | Wanderung: 28 |

Lage: Umgeben von dunklem Moorland liegt das Dorf Glencolumbkille an einer Bucht im äußersten Südwesten der Grafschaft Donegal.

Geschichte: Viele steinerne Zeugen weisen darauf hin, dass dieser Küstenabschnitt schon seit der Steinzeit bewohnt war. Im 6. Jahrhundert hielt der christliche Glaube mit dem heiligen Columba (→ **Drumcliff**), auf dessen Beinamen Columcille der Ortsname zurückgeht, Einzug und bestimmte das Leben. Im Laufe der

Jahrhunderte verschlechterte sich zunehmend das Klima, und Moorland überwucherte immer mehr das fruchtbare Tal. Der Ort am Ende der Welt geriet in Vergessenheit. Seit der letzten großen Hungersnot im 19. Jahrhundert nahm die Bevölkerung stetig ab, und erst in den letzten Jahrzehnten konnte auch Dank des nach wie vor bescheidenen Tourismus die Situation stabilisiert werden.

Sehenswertes: Am Tag des hl. Columba, dem 9. Juni, findet mitternachts eine **Wallfahrt** statt. Die einzelnen Stationen, die dabei aufgesucht werden, liegen über den nördlichen Talhang verstreut. Einbezogen sind neben den Resten des frühchristlichen Oratoriums des Heiligen auch einige mit Oranamenten verzierte Steine und steinzeitliche Gräber.

Am südwestlichen Ortsausgang liegt das **Folk Village**, ein Freilichtmuseum, das aus drei strohgedeckten Cottages und einem alten Schulhaus besteht (geöffnet von Ostern bis Oktober).

In der Umgebung von Glencolumbkille lockt vor allem die herrliche Küstenlinie. Nördlich liegt in einer einsamen Bucht das aufgegebene Fischerdörfchen **Port** (→ **Tour 28**), von dem aus der glücklose Schotte Bonnie Prince Charly nach seinem misslungenen Aufstand gegen die Engländer die Reise ins französische Exil angetreten haben soll.

Im Foke Village am Ortsrand von Glencolumbkille lässt sich das Leben im alten Irland erahnen.

Nach Südwesten führt von Glencolumbkille eine schmale Straße nach **Malin More**, in dessen Umgebung einige eindrucksvolle **Megalithgräber** zu finden sind. Einige Kilometer weiter im Süden endet die Straße bei **Malin Beg** über dem herrlichen Traumstrand von **Tramore**.

▶ GLENDALOUGH

Höhe: 120 m	Karte: G 8
	Wanderung: 2

Lage: Die Klostersiedlung im Tal von Glendalough liegt ca. 40 Kilometer südlich von → **Dublin** in den Wicklow Mountains.

Geschichte: Ende des 6. Jahrhunderts zog sich der heilige Kevin als Eremit in das einsame Tal von Glendalough zurück. Seinem

St. Kevin's Church und der Rundturm zählen zu den eindrucksvollsten Bauwerken des Klosters von Glendalough

Bespiel folgten bald so viele Schüler, dass er hier ein Kloster gründete. Schnell entwickelte sich die Klosteranlage zu einem der geistlichen und geistigen Zentren im damaligen Europa. Mehrere tausend Mönche und Schüler lebten gleichzeitig in der Anlage, und viele von ihnen brachen nach ihren Studien von hier auf, um im übrigen Europa als Missionare tätig zu werden.

Zwischen 833 und 1014 wurde das Kloster mehrfach von den Wikingern zerstört und geplündert. Noch hatte man die Kraft, die Anlage nach jedem Überfall in neuem Glanz wiedererstehen zu lassen. Doch die Zeit der weitgehend selbständigen irischen Klöster war zu Ende. Die katholische Kirche förderte neue, ihr bedingungslos ergebene Mönchsorden und setzte als Statthalter Bischöfe ein, die in den von den Normannen gegründeten Städten residierten. Den endgültigen Todesstoß erhielt die Klostersiedlung von Glendalough 1398, als sie von englischen Truppen vollständig zerstört wurde.

Sehenswertes: Neben der berauschend schönen Landschaft im Bergtal mit den zwei Seen locken vor allem die Reste der **Klosteranlage** Besucher nach Glendalough. Auf halbem Weg zwischen Laragh und Glendalough findet man rechts im Tal das jüngste Bauwerk, die im 12. Jahrhundert erbaute **St. Saviour's Priory** mit ihren herrlichen Steinmetzarbeiten.

Am **Lower Lake** von Glendalough entstand zwischen dem 9. und 12. Jahrhundert das neue Klosterzentrum, das dem heutigen Besucher den größten Eindruck hinterlässt. Kurz nach dem Glendalough Hotel führt links ein Torweg zum alten Friedhof. Dort stößt man auf die Grundmauern der im 11. und 12. Jahrhundert erbauten **Kathedrale**. Dahinter steht die vollständig erhaltene **St. Kevin's Church** aus dem 11. Jahrhundert. Vorbei am **Hochkreuz von St. Kevin** und am eigentümlichen **Priest's House** erreicht man den 31 Meter hohen **Rundturm**, der in den Zeiten der Wikingerüberfälle als Fluchtpunkt diente. Westlich des Turms findet man die im 10. Jahrhundert erbaute **St. Mary's Church**.

Die Keimzelle der Klostersiedlung von Glendalough lag an den Ufern des **Upper Lake**. Am steilen, unzugänglichen Südufer befindet sich eine kleine, als **Kevin's Bed** bezeichnete Höhle, in der St. Kevin anfänglich gelebt haben soll. In der Nähe der Höhle liegen die Überreste der ältesten Kirche, **Temple-Na-Skellig**, aus dem 7. Jahrhundert.

Leichter zu erreichen sind die Überreste der Bauwerke, die in der Nähe des Parkplatzes am Seeende liegen. Über der **Reefert Church** mit dem angrenzenden Friedhof stehen die Überreste von **St. Kevins Cell**, einem alten Rundbau. Auf den Wiesen am Seeufer verstreut befinden sich einige alte **Steinkreuze** und die Reste eines alten **Steinforts**.

▶ GLENGARRIFF

Höhe: 0 – 20 m	Karte: B 9
Einwohnerzahl: 150	Wanderung: 6

Natürlich locken auch in Glengarriff gemütliche Pubs zu einer längeren Einkehr.

Lage: Im Südwesten Irlands liegt in einer tief eingeschnittenen, inselreichen Bucht im hintersten Teil der Bantry Bay der kleine Touristenort Glengarriff.

Landschaftsbild: Von hohen, schützenden Gebirgskämmen umgeben und der milden Strömung des Golfstroms zugewandt, konnte sich in Glengarriff das mildeste Klima in Irland herausbilden. An der felsigen Küste und im Tal des Glengarriff River wuchert eine tropisch anmutende Vegetation mit Fuchsien, Erdbeerbäumen, Rhododendron und Stechpalmen. Dahinter ragen die kahlen, moorüberzogenen Sandsteinberge der → **Beara-Halbinsel** auf.

Sehenswertes: Glengarriff ist ein günstiger Ausgangspunkt für die Erkundung der malerischen Beara-Halbinsel. Ein schöner Ausflug führt zum Bergsee **Barley Lake** (→ **Tour 6**). Hauptattraktion ist allerdings das vorgelagerte **Garinish Island**. Vorbei an Felsinseln, auf denen häufig Robben rasten, fahren von Glengarriff aus Ausflugsboote zur Insel. Ab 1910 wurden auf Garinish Island nach italienischen und japanischen Vorbildern die herrlichen Gärten angelegt, die heute so viele Besucher anlocken (geöffnet von März bis Oktober).

▶ GLENVEAGH-NATIONALPARK

Höhe: 40 – 751 m *Karte: E 1*
Wanderung: 30

Lage: 20 Kilometer nordwestlich von Letterkenny liegt im Herzen des Berglandes von Donegal rund um den Lough Beagh der Glenveagh-Nationalpark.

Am Ufer des Lough Beagh liegt inmitten üppiger Wälder und Gärten das Glenveagh Castle.

Entstehung: Blickt man auf eine Karte von North Donegal, fällt einem eine Talzone auf, die das Gebirge von Nordwesten nach Südosten durchreißt. In dieser Spalte liegt der Lough Beagh, der das Herzstück des Glenveagh-Nationalparks bildet. Entstanden ist der Einschnitt vor Jahrmillionen, als sich hier an einer Trennlinie, angetrieben von ungeheuren Kräften im Erdinneren, das Land gegeneinander verschob. Später hobelten die Eiszeitgletscher die in die Granitberge eingeschnittene Talmulde weiter aus und schufen das heutige Bild.

Geschichte: Der Landlord John Adair ließ 1861, nachdem sein Verwalter während der Suche nach gestohlenen Schafen ermordet worden war, alle Landpächter aus dem Tal vertreiben. So blieb das fast menschenleere Tal der Natur überlassen. 1986 wurde der Nationalpark gegründet, der mit 100 km² der größte in Irland ist.

Sehenswertes: Am nordöstlichen Ufer befindet sich das **Besucherzentrum** des Parks, das in die Naturkunde des Tales einführt. Am

Ufer des **Lough Beagh** steht das neugotische Märchenschloss **Glenveagh Castle**, das der einstige Besitzer des Tales 1870 erbauen ließ. Exotische Gärten umgeben das Gebäude und bilden einen reizvollen Kontrast zur majestätischen Kargheit der Landschaft ringsum.

Am Südrand des Glenveagh-Nationalparks findet man am Ufer des **Gartan Lake** zwei interessante Ausstellungen.

Das **Glebe House**, in dem der englische Maler und Kunstsammler Derek Hill lebte, zeigt eine sehenswerte Sammlung zeitgenössischer Malerei (geöffnet Juni bis September, Montag bis Donnerstag und Samstag von 11 – 18.30 Uhr, Sonntag 13 – 18.30 Uhr).

Etwas weiter südlich am Seeufer liegt das **Colmcille Heritage Center**, das sich dem Leben des frühchristlichen heiligen Columcille (→ **Glencolumbkille**, → **Drumcliff**) widmet, der hier geboren wurde.

▶ INISHBOFIN → Connemara

▶ INISHMORE

Höhe: 0 – 123 m	Karte: B 5/6
Einwohnerzahl: ca. 900 auf den Aran-Inseln	Wanderung: 18

Lage: Im irischen Westen liegen im Atlantik die drei Aran-Inseln vor der tief eingeschnittenen Bucht von → **Galway**. Die Hauptinsel Inishmore ist am weitesten nach Westen vorgeschoben. Östlich schließen sich die ebenfalls bewohnten Inseln Inishmaan und Inisheer an. Hauptort der Inselgruppe ist Kilronan (gäl. Cill Rónáin) auf Inishmore.

Entstehung: Geologisch sind die Aran-Inseln die westliche Fortsetzung der → **Burren**, verkarstete Kalksteinflächen, die von den eiszeitlichen Gletschern Connemaras glattgeschliffen wurden. Der Kalkstein, der die Aran-Inseln aufbaut, wurde vor ca. 300 Millionen Jahren in einem tropischen Meer abgelagert. Später wurden die Gesteinsschichten gekippt, so dass sie heute an der Nordseite der Inseln sanft ins Meer auslaufen, während sie im Süden in steilen Kliffs zum Ozean hin abbrechen.

Landschaftsbild: Ein Puzzle aus Steinmauern, engmaschig wie sonst nirgendwo in Irland, überzieht die kargen, nahezu baumlosen Inseln. Sie wurden errichtet, um die kleinen Parzellen vor dem ständig wehenden Wind zu schützen. Auf dem unfruchtbaren Untergrund musste der Boden, auf dem die Feldfrüchte gedeihen sollten, mühevoll aufgetragen werden. Dazu wurde auf den nackten, durchlässigen Fels eine Schicht Sand geschüttet, um den Untergrund abzudichten. Darauf kam dann Seetang oder Kelp, gebrannter Seetang, die die Humusschicht bildeten.

Geschichte: Während der Steinzeit kamen die ersten Bewohner, an die nur wenige Gräber erinnern. In den Jahrhunderten vor Christi Geburt lebte hier ein Volk, das so eindrucksvolle Bauwerke wie das Steinfort Dun Aengus errichtete.

Im fünften Jahrhundert wurde Inishmore eine der Keimzellen des irischen Katholizismus. St. Enda gründete in der Nähe von Killeany ein Kloster, das zu seiner Zeit weithin ausstrahlte. Die Gründer der berühmten Klöster von Iona in Schottland, Clonmacnoise in Irland und vieler weiterer Klosteranlagen zogen von hier aus, um den christlichen Glauben zu verbreiten.

Im Laufe der folgenden Jahrhunderte verlor die Insel ihren religiösen Einfluss, gewann dafür aber mit dem Aufstieg des Handelsplatzes Galway an strategischer Bedeutung. Irisch-normannische Familien machten sich die Herrschaft über die Inseln streitig, ehe Elisabeth I. einen Engländer zum Lehensherrn bestellte. Die Aran-Inseln wurden zum Außenposten der Engländer gegen die Bedrohung durch Spanien und gegen das Aufbegehren der Iren. Zu dieser Zeit hielt auch die endgültige Verarmung der Inselbewohner ihren Einzug. Der Großteil des ohnehin kargen Bodens war jetzt fremdbestimmt, im Besitz von Großgrundbesitzern, die im fernen England residierten.

Die Inselbewohner führten einen harten Kampf mit der Natur. Auf zwei Beinen stand ihr Einkommen: Auf der Landwirtschaft und dem Fischfang, wobei erstere nur mit äußerster Kraftanstrengung möglich war. Die Fischerei war vergleichsweise weniger aufwändig, dafür aber um so gefährlicher. In kleinen Booten, den Curraghs, mit Tierhäuten bespannte Holzkonstruktionen, musste den Gefahren des Meeres getrotzt werden.

Sehenswertes: Die Insel **Inishmore** ist dank ihrer vielfältigen Sehenswürdigkeiten die meistbesuchte der Aran-Inseln. Die Fähren legen in **Kilronan** (gäl. Cill Rónáin) an. Hier wurde in der ehemaligen Küstenwachtstation das **Aran Heritage Centre** eingerichtet, das in Geschichte und Kultur der Aran-Inseln einführt und Hinweise zu den vielen Sehenswürdigkeiten bereithält.

Hauptanziehungspunkt auf Inishmore und eine der eindrucksvollsten und mächtigsten prähistorischen Verteidigungsanlagen in Europa ist das Steinfort **Dun Aengus** (gäl. Dún Aonghasa). Mehrere mächtige Steinmauern umschließen eine halbrunde Fläche, die nach Süden in 70 Meter hohen Steilklippen zum

Meer hin abbricht und eine atemberaubende Aussicht gewährt. In der inneren, bis zu sechs Meter hohen und fünf Meter dicken Mauer sind Kammern und Gänge eingelassen. Dem zweiten Wall, der weit nach Osten ausholt, ist teilweise eine dritte Mauer vorgelagert. Davor ragen tausende spitzer Steine aus dem Boden, die schon die Annäherung an die Verteidigungsanlage erschweren sollten. Der weitgeschwungene vierte Wall ist nur noch teilweise zu erkennen. Die Erbauungszeit der Anlage ist bis heute nicht eindeutig geklärt und wird zwischen dem 6. und 1. vorchristlichen Jahrhundert angenommen.

Von den im Inselinneren verstreuten Ringforts ist das mit einem Doppelwall ausgestattete **Dún Eochla** am beeindruckendsten. Es liegt westlich von Kilronan nahe des alten Leuchtturms, der am höchsten Punkt der Insel steht. Erbauer war möglicherweise ein keltischer Clan (nach Christi Geburt).

> **Special**
>
> 1934 drehte Robert Flaherty den sehenswerten Film **„The Man of Aran"**. Der halbdokumentarische Spielfilm zeigt den Kampf der Inselbewohner mit der Natur. Frauen legen die spärlichen Felder an und die Männer kämpfen von ihren winzigen Booten aus mit einem Hai. Obwohl einige Szenen nachgestellt werden mussten, da manch alte Traditionen schon in den 30er Jahren am Schwinden waren, schuf Flaherty ein eindrucksvolles Dokument. In der **Dance Hall (Halla Rónáin)** am südlichen Ortsrand von Kilronan wird der Film während der Sommermonate mehrmals täglich vorgeführt.

Südlich von Kilronan findet man an der Südküste das Steinfort **Dún Dúchathair**, das auf einer an drei Seiten steil zum Meer abfallenden Klippe errichtet wurde. Es entstand wohl zur selben Zeit wie Dun Aengus. Eine sechs Meter dicke, an der Innenseite getreppte Mauer trennt eine Landzunge ab.

Eine Anzahl frühchristlicher und mittelalterlicher Kirchen erinnern noch heute an die einstige religiöse Bedeutung von Inishmore. Zwei Kirchen nahe der Nordküste sind im Rahmen der Wanderung 18 beschrieben. Beim Ort **Cill Mhuirbhigh** findet man nahe dem Zugangsweg zum Fort Dun Aengus die Kirche **Teampall Mac Duach** aus dem 8. oder 9. Jahrhundert. Zwei Kilometer westlich von Cill Mhuirbhigh stehen nahe der Inselstraße zwei Kapellen, die zur frühchristlichen Klostersiedlung **Na Seacht Tempaill** gehören. Teile der Kirche Teampall Bhreacáin stammen aus dem 8. oder 9. Jahrhundert. Rund um die Klosteranlage findet man die Reste dreier Hochkreuze aus dem 11. Jahrhundert und einiger verzierter Steinkreuze aus dem 9. Jahrhundert.

Das erste und wichtigste von St. Enda gegründete Kloster entstand im Osten der Insel nahe **Killeany** (gäl. Cill Einne). Die Kirche **Theaghlach Éinne** östlich des Ortes entstand im 8. Jahrhundert und wurde durch mittelalterliche Einbauten ergänzt. An der Kirche ist der fein gearbeitete Schaft eines Hochkreuzes zu bewundern. Nordöstlich liegt das von Sand überwehte Grab des heiligen Enda.

Südlich über dem Dorf Killeany liegt das im 7. Jahrhundert erbaute frühchristliche Kirchlein Teampall Bheanáin. Mit seiner Grundfläche von ca. 6 m² zählt es wohl weltweit zu den kleinsten Gotteshäusern.

▶ IVERAGH-HALBINSEL

Höhe: 0 – 1039 m	Karte: A/B 8
	Wanderung: 10, 11, 12

Lage: Im Südwesten Irlands ragen fünf Halbinseln in den Atlantik. Die größte von ihnen ist die Iveragh-Halbinsel, die im Süden von der schmalen Meeresbucht des Kenmare River und im Norden von der weiten Dingle Bay begrenzt wird.

Sehenswertes: Die Iveragh-Halbinsel ist die beliebteste Ferienregion im Westen Irlands. Weitwanderer können die herrliche Küste und das gebirgige Innere der Halbinsel auf dem über 200 Kilometer langen **Kerry Way** erleben. Dem Autofahrer bietet der berühmte **Ring of Kerry** eine großzügige Tour rund um die Halbinsel.

Bester Startpunkt für eine Rundtour ist das im Landesinneren gelegene → **Killarney**. Vorbei an herrlichen Seen und dem Bergzug der **MacGillycuddy's Reeks** (→ **Tour 10**) mit den höchsten Gipfeln Irlands führt eine herrliche Bergstraße nach Süden zum Ferienort **Kenmare**, der am Ufer der Kenmare River genannten Meeresbucht liegt. Das Ortsbild des im 18. Jahrhundert auf dem Reißbrett geplanten Städtchens konnte bis heute bewahrt werden. Am südwestlichen Ortsrand findet man einen interessanten **Steinkreis**, der erst in der Bronzezeit, also wesentlich später

Über der Südküste der Iveragh-Halbinsel liegt das mächtige, in keltischer Zeit erbaute Staigue Fort.

Special: Alljährlich wird in **Killorglin** zwischen dem 10. und 12. August der berühmte, **Puck Fair** genannte Jahrmarkt abgehalten, das größte Volksfest im Westen Irlands. Ein Ziegenbock wird als König Puck gekrönt, und drei Tage und Nächte lang wird in den Pubs und auf den Straßen getanzt und getrunken. Ein breit gefächertes Rahmenprogramm lockt unzählige Iren und Urlauber.

rund um einen steinzeitlichen Dolmen errichtet wurde.

Am nördlichen Ortsrand von Kenmare beginnt der **Ring of Kerry** (N70), der rund um die Iveragh-Halbinsel führt. Immer am Ufer des Kenmare River führt die Straße nach **Sneem**. Ca. 12 Kilometer westlich zweigt eine schmale Straße in das Landesinnere zum eindrucksvollen **Staigue Fort** ab. Dieses herrlich gelegene keltische Ringfort gehört zu den besterhaltenen seiner Art in Irland. Die vier Meter dicken Mauern ragen noch fünf Meter in die Höhe und werden im Inneren durch Wehrgänge, Treppen und Kammern gegliedert.

Die N70 verläuft anschließend entlang der herrlichen Küste nach **Caherdaniel**. Südwestlich des Ortes liegt der **Derrynane National Historic Park**. Der Park und die Dünenlandschaft mit beschildertem Naturlehrpfad sind frei zugänglich. Im Derrynane House, einem stattlichen Herrenhaus, in dem der irische Nationalheld Daniel O'Connell bis zu seinem Tode im Jahre 1847 lebte, ist ein Museum untergebracht (geöffnet Mai bis September täglich, Oktober bis April von Dienstag bis Samstag).

Über einen aussichtsreichen Bergkamm geht es weiter in den beliebten Touristenort **Waterville**, das auf einer Landzunge zwischen langen Sandstränden und dem malerischen Lough Currane liegt. Wer nicht direkt nach Cahersiveen weiterfahren möchte, der zweigt nördlich des Ortes auf den **Skellig Ring** ab. Die schmale Straße führt über **Balliskelligs**, von wo Ausflugsboote zu den → **Skellig-Inseln** starten, durch eine herrlich einsame und aussichtsreiche Landschaft nach **Portmagee**. Hier kann man über die Brücke auf die malerische Insel **Valentia Island** und zum Besucherzentrum **Skellig Experience** (→ **Skellig-Inseln**) fahren oder zurück zum Ring of Kerry.

Über ihn erreicht man den lebhaften Urlaubsort **Cahersiveen** am Ufer des Valentia River. Jenseits des Valentia River findet man nordwestlich des Ortes zwei mächtige **Ringforts**; nördlich ragt der herrliche Aussichtsberg **Knocknadobar** (→ **Tour 12**) auf. Von Cahersiveen führt der „Ring of Kerry" entlang der Nordküste der Iveragh-Halbinsel um einen mächtigen Gebirgsstock (→ **Tour 11**) nach **Glenbeigh**. Die Landschaft wird jetzt sanfter, und man erreicht den Marktort **Killorglin**.

Nach Killorglin teilt sich die Straße. Geradeaus führt die N70 nach Tralee und zur → **Dingle-Halbinsel**, rechts leitet die N72 zurück nach → **Killarney**.

▶ KEEL → Achill Island

▶ KEEM BAY → Achill Island

▶ KENMARE → Iveragh-Halbinsel

▶ KILFENORA → Burren

▶ KILLORGLIN → Iveragh-Halbinsel

▶ KILLARNEY

| Höhe: 40 m | Karte: B 8 |
| Einwohnerzahl: 9000 | Wanderung: 9, 10 |

Nahe Killarney steht am Ufer des malerischen Lough Leane das mittelalterliche Ross Castle.

Lage: Im Südwesten Irlands liegt im Herzen der Grafschaft Kerry die Stadt Killarney.

Geschichte: Killarney ist eine Erfindung des Tourismus. Bevor im letzten Jahrhundert die ersten englischen Reisenden am Lough Leane Einzug hielten, war auf den Karten keine Stadt vermerkt. Erst der Förderung des örtlichen Landesherrn verdankt es seine Entstehung und den raschen Aufstieg während der letzten zweihundert Jahre.

Doch schon tausend Jahre zuvor wussten Mönche die Schönheit und Abgeschiedenheit dieses Ortes zu schätzen. Auf der Insel Inisfallen im Lough Leane im nahen See und auf dem Höhenzug von Aghadoe gründete der hl. Finian (→ **Drumcliff** und → **Skellig-Inseln**) im 6. Jahrhundert zwei Klöster. Inisfallen entwickelte sich zu einem wichtigen geistigen Zentrum in Irland, in dem Anfang des 13. Jahrhunderts die Annalen von Inisfallen, eine bedeutende geschichtliche Handschrift, verfasst wurden.

Landschaftsbild: Die Stadt Killarney entstand im letzten Jahrhundert als Basis für Ausflüge in die herrliche Landschaft ringsum, die zweifelsohne zu den schönsten in Irland zählt. Nahe der Stadt

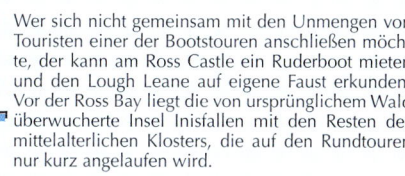

Wer sich nicht gemeinsam mit den Unmengen von Touristen einer der Bootstouren anschließen möchte, der kann am Ross Castle ein Ruderboot mieten und den Lough Leane auf eigene Faust erkunden. Vor der Ross Bay liegt die von ursprünglichem Wald überwucherte Insel Inisfallen mit den Resten des mittelalterlichen Klosters, die auf den Rundtouren nur kurz angelaufen wird.

liegt eingebettet in eine parkartige Landschaft und üppig bewachsene Ufer der inselübersäte **Lough Leane**. Ein schmaler Kanal verbindet ihn mit den **Muckross Lake** im Süden. Hier zweigt auch eine schmale Wasserstraße ab, die zwischen von den Eiszeitgletschern glattgeschliffenen Felsen zum fünf Kilometer entfernten **Upper Lake** führt. Überragt wird das herrliche Seengebiet im Süden und Westen von über 800 Meter hohen Bergen. Rund um die Seen liegt der 60 km² große **Killarney National Park**. Südwestlich von Killarney starten am Ross Castle Ausflugsboote, die die Urlauber bis zum Upper Lake bringen. Verschiedene Kombinationen mit Boot, Kutschen oder Pferden, die auch eine Durchquerung des Gap of Dunloe mit einschließen, können gebucht werden.

Sehenswertes: Die wichtigsten Sehenswürdigkeiten von Killarney liegen alle im Umland. Zwei Kilometer südwestlich steht am Ufer des Lough Leane das imposante **Ross Castle** (geöffnet von April bis Oktober). Die Burg wurde ab dem 14. Jahrhundert erbaut, der mächtige Turmbau stammt aus dem 16. Jahrhundert. Einer Legende nach konnte die Burg nur von der Wasserseite her erobert werden. Die Truppen Cromwells beschossen 1652 Ross Castle daher von einem eigens zum Lough Leane gebrachten Boot aus, worauf sich die abergläubischen Verteidiger ergaben. Am Ross Castle starten die **Ausflugsboote** zu Touren über die Seen von Killarney.

Wenige Kilometer südlich von Killarney erstreckt sich nahe der N71 zwischen dem Lough Leane und dem Muckross Lake der Muckross Park. Im nördlichen Teil findet man die im 15. Jahrhundert erbaute **Muckross Friary**, die besterhaltene Franziskanerabtei in Irland. Neben dem schönen, von einem mächtigen Glockenturm überragten Kirchenschiff umschließt der herrliche Kreuzgang eine uralte Eibe. Ein malerischer kleiner Friedhof rundet das romantische Bild ab.

Weiter südlich liegt inmitten einer wunderschönen Parklandschaft das 1843 erbaute **Muckross House** (ganzjährig geöffnet). Im Herrenhaus ist unter anderem jenes Zimmer zu besichtigen, in dem im Jahre 1861 Queen Victoria nächtigte. Im Untergeschoss kann man Handwerkern bei der traditionellen Arbeit zuschauen.

Nahe dem Muckross House findet man das **Besucherzentrum des Killarney National Park** mit interessanten Ausstellungen und Vorführungen zum Thema Natur. Ebenfalls in der Nähe des Herrenhauses entstand in den letzten Jahren ein **Kerry County Life Experience** genanntes Bauernhofmuseum (geöffnet von Juni bis Oktober). Rund um einige Farmgebäude wird das harte bäuerliche Leben vergangener Tage dem Besucher nahe gebracht.

Vom Muckross House führt ein wunderschöner Wanderweg nach Westen über die Landzunge, die den Lough Leane vom Muckross Lake trennt. Im Süden des Parks rauscht nahe der N71 der malerische **Torc Wasserfall** in Kaskaden durch eine Waldschlucht. Dahinter baut sich der mächtige **Mangerton Mountain** (→ **Tour 9**) auf, der höchste Gipfel über den Seen von Killarney. In seinem Gipfelbereich liegt in einem kleinen Kar der eigenwillige Bergsee **Devil's Punch Bowl**, den man lange Zeit für einen Kratersee hielt. In früherer Zeit pilgerten viele Frauen zum kleinen Bergsee hinauf, da man sein Wasser für fruchtbarkeitsfördernd hielt.

Killarney hat sich inzwischen zur Hauptstadt des irischen Tourismus entwickelt.

Vom Muckross Park führt die N71 durch eine wildromantische Landschaft, vorbei am Muckross Lake und am Upper Lake zum herrlichen Aussichtspunkt **Ladies View**. Den Namen verdankt er Queen Viktoria, die hier im 19. Jahrhundert gemeinsam mit ihren Hofdamen die einmalige Aussicht bewunderte. Nach Nordosten geht von hier der Blick über das malerische Seenland von Killarney. Im Norden erhebt sich der Purple Mountain, den die tief eingeschnittene Schlucht des Gap of Dunloe vom lang gezogenen Bergkamm der MacGullicuddy's Reeks (→ **Tour 10**) trennt, der die höchsten Gipfel Irlands trägt.

Nach der Tour in den Süden des Seenlandes von Killarney führt ein zweiter Ausflug von Killarney nach Westen. Vier Kilometer westlich der Stadt liegen auf einem Hügelkamm über der N72 die Reste des alten Klosters von **Aghadoe**. Erhalten blieben der

Stumpf eines Rundturms und die Ruine einer Kirche. In der Nähe befinden sich die Reste einer im 13. Jahrhundert erbauten Burg. Begeisternd ist jedoch vor allem der herrliche Ausblick vom Kloster über den Lough Leane zu den hoch aufragenden Bergzügen. Wenig westlich von Aghadoe zweigt von der N72 die Zufahrt zum **Gap of Dunloe** ab. In Kutschen, auf Pferden oder zu Fuß erobern die Urlauber die Schlucht. Fünf Kilometer sind es von Kate Kearney's Cottage am nördlichen Schluchtausgang bis zum höchsten Punkt des Tales. Eine Schotterstraße führt zwischen hoch aufragenden Bergen und vorbei an mehreren kleinen Seen durch die malerische Schlucht. Der oberste der Seen heißt Serpent Lake, da in ihn der hl. Patrick alle Schlangen Irlands verbannt haben soll.

▶ **KILMALKEDAR** → Dingle-Halbinsel

▶ **KNOCKNAREA** → Sligo

▶ **KYLEMORE ABBEY** → Connemara

▶ **LETTERFRACK** → Connemara

▶ **LISDOONVARNA** → Burren

▶ **LOUGH GILL** → Sligo

▶ **LOUISBURGH** → Clare Island

▶ **MAUMTURK MOUNTAINS** → Connemara

▶ **MUCKROSS FRIARY** → Killarney

▶ **MUCKROSS HOUSE** → Killarney

▶ **PARKES CASTLE** → Sligo

▶ **PORT** → Glencolumbkille

▶ **POULNABRONE-DOLMEN** → Burren

▶ POWERSCOURT

Höhe: 130 m	Karte: G 6
	Wanderung: 2

Lage: Südlich von → **Dublin** liegt an den Hängen der Wicklow Mountains nahe der Hafenstadt Bray das Dorf Enniskerry. Südlich des Ortes liegen das Schloss und die Gärten von Powerscourt.

Geschichte: Über dem Tal des Dargle River ließen sich die Herren von Powerscourt 1731 aus grauem Granit ein prächtiges Herrenhaus errichten und nach und nach im Stil der jeweiligen Zeit mit Gärten umgeben. 1830 wurde in der Nähe für die Landarbeiter das Dorf Enniskerry angelegt. Nachdem das Herrenhaus 1974 bei einem Brand zerstört worden war, erstrahlt es seit dem Abschluss der Renovierungsarbeiten im Jahre 1997 wieder im alten Glanz.

Sehenswertes: Im **Herrenhaus von Powerscourt** (geöffnet von April bis Oktober) ist heute neben einem Restaurant und verschiedenen Souveniergeschäften ein Besucherzentrum eingerichtet. Unterhalb des Schlosses liegen die berühmten **Gartenanlagen**, die zu den schönsten in Irland zählen. Vom Herrenhaus ziehen sich zwischen Statuen und aufwendigen Metallgittern Treppen zu einem künstlich angelegten See hinab. Hier gehen die strengen, noch vom Barock geprägten Gärten in die im 19. Jahrhundert beliebten Landschaftsgärten über. Exotische Pflanzen, ein japanischer Garten und parkartige, weitgehend naturbelassene Abschnitte zeigen den Wandel des Geschmacks.

Die Parklandschaft zieht sich vier Kilometer durch das Tal des Dargle River bis zum **Powerscourt-Wasserfall**, der von den Hängen des Djouce Mountain (→ **Tour 1**) herabbraust (Zugang von der Straße am Ostrand des Dargletales, ausgeschildert ab dem Eingang zum Powerscourt Park bei Enniskerry). Er gilt mit 120 Metern als der höchste in Irland.

Die Gartenanlagen von Powerscourt zählen zu den schönsten in Irland.

▶ RING OF KERRY → Iveragh-Halbinsel

▶ ROSS CASTLE → Killarney

▶ ROUNDSTONE → Connemara

▶ SKELLIG-INSELN

Höhe: 0 – 217 m *Karte: A 8*
 Wanderung: 12

Lage: Vierzehn Kilometer vor der Küste der → **Iveragh-Halbinsel** im Südwesten Irlands durchstoßen die gewaltigen Felspyramiden von Little Skellig (131 m) und Great Skellig (217 m), das nach dem frühchristlichen Kloster auf der Insel auch Skellig Michael genannt wird, die stürmischen Fluten des Atlantik.

Geschichte: Möglicherweise beobachteten schon keltische Druiden von den Inseln aus den Lauf der Gestirne. Im 6. Jahrhundert soll der heilige Finian (→ **Killarney** und → **Drumcliff**) auf Skellig Michael das frühchristliche Kloster gegründet haben. Der Name der Insel erinnert an andere nach dem Schutzpatron der Natur benannte Klöster wie Mont Saint Michel in Frankreich. Sie alle widmeten sich der Erforschung der Geheimnisse der Natur. Immer nur 13 Mönche sollen hier gleichzeitig gelebt und gearbeitet haben. Im 13. Jahrhundert wurde das Kloster von der sturmumtosten Felsinsel schließlich auf das irische Festland nach Ballinskelligs (→ **Iveragh-Halbinsel**) verlegt. In späterer Zeit war Skellig Michael ein Wallfahrtsort; von 1820 bis 1987 lebten Leuchtturmwärter mit ihren Familien auf der Insel. Die Inseln sind dank ihrer riesigen Brutkolonien heute als Vogelschutzgebiet ausgewiesen.

> **Special**
> Wem sich nicht die Möglichkeit bietet, mit den kleinen Booten zu den Skellig-Inseln überzusetzen, der findet auf Valentia Island nahe der Brücke, die von Portmagee (→ **Iveragh-Halbinsel**) auf die Insel führt, das Besucherzentrum **The Skellig Experience**. Hier erhält man Informationen zu den Skellig-Inseln; in der Nähe starten komfortable Ausflugsboote, die allerdings die Inseln nur umrunden und nicht auf Skellig Michael selbst anlegen.

Sehenswertes: Die **Überfahrt** zu den Skellig-Inseln gehört zum Abenteuerlichsten, was Irland zu bieten hat. Nur bei ruhiger See, das heißt bis maximal fünf Meter Seegang, starten von Mai bis Anfang September in Waterville, Ballinskelligs, Portmagee oder in Knight's Town auf Valentia Island die kleinen, offenen Kutter. Warme und wasserfeste Kleidung und möglicherweise Tabletten gegen Seekrankheit sollten zur Ausrüstung gehören.

Nach der langen Überfahrt passiert man zuerst **Little Skellig**, das aus Gründen des Vogelschutzes nicht betreten werden darf. Die hellen Guanostreifen der Vogelkolonien überziehen die felsige Insel, und die riesigen Basstölpel führen ihre Flugkünste vor.

Nahe der Anlegestelle auf **Skellig Michael** zieht deutlich der alte **Treppenweg** durch die Felsen, den die Mönche anlegten. Er wurde teilweise beim Bau des Anlegesteges zerstört. Auf dem teils überdachten Weg zum Leuchtturm und dann rechtshaltend auf dem alten Klosterweg klettert man hinauf zu den Resten des alten **Klosters**, das am Kamm zwischen den höchsten Felsspitzen der Insel auf künstlich aufgeschütteten Terrassen erbaut wurde. Sechs runde, mörtellos aus Steinen aufgeschichtete Hütten, aufgrund ihrer unverwechselbaren Form **Bienenkorbhütten** genannt, können noch heute besichtigt werden. In ihnen fristeten die Mönche ihr hartes Dasein. Zwei über tausend Jahre alte **Gebetshäuser**, die in der Form dem Gallarus Oratory (→ **Dingle-Halbinsel**) ähneln, sind erhalten geblieben. Etwas tiefer liegen die Reste eines **Kirchleins** aus dem späten 12. Jahrhundert. Gärten und Kreuze vervollständigen die Anlage. Selbst wer sich nicht für Geschichte und altes Gemäuer interessiert, den nimmt der Zauber dieses weltabgeschiedenen Ortes gefangen.

▶ SLIEVE LEAGUE

Höhe: 595 m   *Karte: D 2*
                                                              Wanderung: 27

Lage: Im Nordwesten Irlands liegt die riesige Donegal Bay, deren Eingang im Nordwesten vom Gipfel der Slieve League bewacht wird. Nach Süden bricht die Slieve League in einer 600 Meter hohen Klippenflanke ab.

Geschichte: Von Teelin führt neben dem bei → **Tour 27** beschriebenen Steig ein zweiter, einfacherer Weg hinauf zum breiten Ostgipfel der Slieve League. Über diesen sogenannten Old Man's Path führte bis 1909 eine jährliche Wallfahrt zu den spärlichen Resten einer frühchristlichen Kirche mit zugehöriger Zelle und einem Stein mit eingehauenem Kreuz, die nördlich unter dem Ostgipfel der Slieve League zu finden sind. Hier soll im 6. Jahrhundert zeitweilig der Bischof Aed Mac Bric gelebt haben. Dieser Mann wurde wegen seiner Heilkünste verehrt, und viele der Wallfahrer suchten hier, vor allem an drei nahen heiligen Quellen, die Linderung ihrer Gebrechen. Obwohl der Bischof um 595 starb, entstand noch im Jahre 750 im Kloster auf der Insel Reichenau im Bodensee ein Gedicht, das die Heilkräfte dieses Mannes besang.

▶ SLIGO

Höhe: 0 – 30 m	Karte: D 3
Einwohnerzahl: 18 000	Wanderung: 26

Lage: An der irischen Westküste liegt an der Mündung des Garvoge River in das Meer Sligo, die bedeutendste Stadt im Nordwesten Irlands und Hauptstadt der gleichnamigen Grafschaft.

Geschichte: Wie die Funde im Umland von Sligo zeigen, war die Region schon in der Steinzeit dicht besiedelt. Im 6. Jahrhundert wurde zum ersten Mal der Ort erwähnt. 300 Jahre später fielen plündernde Wikinger ein und im 13. Jahrhundert besetzte der Anglo-Normanne Maurice Fitzgerald die Stadt. Er erbaute eine mächtige Burg, von der nichts erhalten blieb, und gründete das Dominikanerkloster von Sligo. Stadt und Burg blieben während der folgenden Jahrhunderte zwischen den neuen englischen Herren und den alteingesessenen Sippen umstritten. Mitte des 17. Jahrhunderts zerstörten cromwellsche Truppen zweimal die Stadt und ermordeten alle Einwohner, die nicht geflohen waren. Die verkehrsgünstige Lage und der Hafen sorgten für den Wiederaufstieg der Stadt. Heute hat der Hafen wegen der geringen Wassertiefe seine einstige Bedeutung verloren. Sligo ist jedoch weiterhin der wichtigste Verkehrsknotenpunkt und der wirtschaftliche Mittelpunkt im Nordwesten Irlands.

Sehenswertes: Die geschäftige Stadt bietet im Gegensatz zum Umland nur wenige Sehenswürdigkeiten. Im Osten der Altstadt findet man an der Abbey Street das älteste Bauwerk, die 1253 gegründetet **Sligo Abbey**. Chor und Kapitelhaus stammen noch aus der Gründungszeit, während die übrigen Gebäudeteile nach einem Brand im 15. Jahrhundert neu errichtet wurden. Im schönen Kirchenschiff findet man einige hervorragende Steinmetzarbeiten. Am beeindruckendsten ist allerdings der malerische Kreuzgang, von dem drei Seiten erhalten blieben. Das imposante **Gerichtsgebäude** und beide **Kathedralen** der Protestanten und Katholiken wurden im 19. Jahrhundert erbaut.

Die mittelalterliche Sligo Abbey mit ihrem malerischen Kreuzgang ist das älteste Bauwerk in Sligo.

Immer wieder stößt man in der Stadt auf den Namen der hier beheimateten Familie **Yeats**, die neben dem Literaturnobelpreisträger William Butler Yeats auch bedeutende irische Maler hervorbrachte. Nördlich des Flusses liegt an der Stephen Street das

Sligo County Museum, das neben einer Ausstellung zur Geschichte auch Erinnerungsstücke an W. B. Yeats zeigt. In der angeschlossenen **Yeats Art Gallery** findet man u. a. Werke vom Vater und vom Bruder des berühmten Dichters. An der Hyde Bridge zeigt das **Yeats Memorial Building** wechselnde Ausstellungen und im Sommer eine Videovorführung zum Thema Yeats.

Zwei Ausflüge sollen schließlich in das herrliche Umland von Sligo führen. Im Osten der Stadt liegt der malerische **Lough Gill**, den William Butler Yeats in vielen seiner Gedichte besungen hat. Am Nordufer des Sees erhebt sich das imposante, im 17. Jahrhundert erbaute **Parkes Castle** (geöffnet von Mitte April bis Mai täglich außer Montag, von Juni bis Oktober täglich). An der Burg starten Ausflugsboote auf den See mit seinen vielen Inseln.

Westlich von Sligo liegt eine der bedeutendsten archäologischen Fundstätten in Irland. Auf dem **Gräberfeld von Carrowmore** sind 25 Grabstätten aus der Steinzeit erhalten geblieben. Die ältesten der Ganggräber und Dolmen wurden vor etwa 5000 Jahren errichtet. Ein Besucherzentrum gibt zwischen Mai und September genauere Informationen und veranstaltet Führungen. Im Westen erhebt sich über dem Gräberfeld der 327 Meter hohe **Knocknarea**, der Hausberg von Sligo. Von Carrowmore ist die Zufahrt zum Ausgangspunkt für die Besteigung ausgeschildert. Nach 45 Minuten steht man neben dem riesigen Gipfelsteinman (Cairn), in dessen Grabkammer der Legende nach die sagenhafte Queen Maeve beerdigt sein soll. Vom Gipfel hat man eine herrliche Aussicht auf das Land rund um die Sligo Bay.

▶ STAIGUE FORT → Iveragh-Halbinsel

▶ TWELVE BENS → Connemara

▶ WATERVILLE → Iveragh-Halbinsel

▶ WESTPORT

Höhe: 0 – 30 m	*Karte: C 4*
Einwohnerzahl: 3500	*Wanderung: 22*

Lage: In der westirischen Grafschaft Mayo liegt an der Mündung des Carrowbeg River in die von vielen Inseln übersäte Clew Bay die Stadt Westport.

> **Tipp**
>
> Ca. 50 Pubs bieten in Westport ein reichhaltiges Angebot für die Abendgestaltung. Am bekanntesten ist Matt Molloy's in der Bridge Street, denn der namengebende Chef ist ein Mitglied der berühmten irischen Folkband „The Chieftains". Infos über abendliche Konzerte in Westport erhält man über die „Pubhotline", Tel. (098) 2 73 71.

Geschichte: Nahe dem heutigen Westport lag eine alte irische Siedlung, die von einer Burg der O'Malleys (→ **Clare Island**) überragt wurde. Im 18. Jahrhundert gehörte die Gegend dem Earl of Altamont. Er ließ die alte Burg abtragen und an ihrer Stelle ab 1730 ein prächtiges Herrenhaus errichten, das Westport House. Um rund um das Haus einen standesgemäßen Park anlegen zu können, ließ er das alte Dorf abreißen und wenig östlich die Stadt Westport erbauen. Neben den Bewohnern des alten Dorfes siedelte er in der Stadt Leinenweber aus Ulster an. Bevor Mitte des 19. Jahrhunderts die große Hungersnot und die Krise der Leinenweberei die wirtschaftliche Basis zerstörten, lebten bis zu 8000 Menschen in Westport. Heute ist das Städtchen, das viele für eines der schönsten in Irland halten, ein Zentrum des Tourismus an der irischen Westküste.

Sehenswertes: Die Stadt Westport hat keine außergewöhnlichen Sehenswürdigkeiten zu bieten, sondern gefällt durch das geschlossene Ortsbild aus dem 18. Jahrhundert. **The Mall** heißt die Hauptstraße, die beiderseits am kanalisierten, von alten Brücken überspannten Carrowbeg River entlangläuft. Von dort führt die breite James Street zum achteckigen Hauptplatz **The Octagon**, den die Statue des hl. Patrick überragt. Rund um diesen Platz befindet sich mit dem Rathaus, dem Gerichtsgebäude und dem Central Hotel das Zentrum der Stadt. Wenige Schritte südöstlich steht ein schöner **Uhrturm**.

Vom Octagon führt eine Straße zum alten Hafenviertel. Hier zweigt die Zufahrtsstraße zur Hauptattraktion von Westport ab, dem in einem Park außerhalb der Stadt gelegenen **Westport House** (geöffnet täglich von Mai bis September). Obwohl von der alten Inneneinrichtung nur wenig erhalten blieb, zählt es zu den interessantesten Herrenhäusern in Irland. Allerdings lässt die starke Kommerzialisierung des Anwesens mit Kinderzoo, Souvenierläden, Reitställen, Restaurants usw. nur noch in der Nebensaison einen Besuch angeraten sein.

Das hübsche Städtchen Westport bietet sich im einsamen Westen Irlands als lebhafter Zwischenstopp an.

REISE-INFORMATIONEN

VON A BIS Z

An den Stromschnellen des Glen River im Donegal kann man Lachse bei ihrer Wanderung flussaufwärts beobachten.

▶ ANGELN

Die irischen Seen, Flüsse und Küsten zählen zu den besten Fischgewässern in Europa. In Irland wird unterschieden zwischen Game Fishing (Forellen und Lachse), Coarse Fishing (Nichtsalmoniden) und Deep Sea Fishing (Hochseeangeln). Für Game Fishing ist eine Lizenz nötig; und es gelten Schonzeiten. Die besten Hochseeangelgebiete liegen im Süden und vor allem im Westen der Insel. Eine Vielzahl spezialisierter Reiseveranstalter bietet Angelpauschalreisen nach Irland an. Eine Übersicht der Angelbedingungen und der Reiseveranstalter enthält die bei der Irischen Fremdenverkehrszentrale zu beziehende Broschüre „Grüne Ferienseiten".

▶ ANREISE MIT DEM AUTO

Vorhergehende Doppelseite: Bantry bietet wie viele der Dörfer an der irischen Westküste eine gute Auswahl an B&B's und Pubs.

Wegen des teilweise schlechten öffentlichen Verkehrsnetzes bietet eine Irlandreise mit dem eigenen Fahrzeug die größte Flexibilität. Man sollte allerdings nicht außer acht lassen, dass die Anreise mit dem eigenen Auto umständlich und zeitraubend ist.

Direktfähren nach Irland verkehren von Le Havre, Cherbourg, St. Malo und Roscoff aus. Man muss also zuerst ganz Frankreich durchqueren, um dann anschließend noch einmal ca. 20 Stunden auf der Fähre zu verbringen.

Die preiswerteste Anreisemöglichkeit ist der Weg via England. Der Zeitaufwand für diese Art der Anreise ist aber beträchtlich.

Nachdem man England mit einer Fähre oder durch den Kanaltunnel erreicht hat, sind es noch einmal bis zu 500 Kilometer auf britischen Straßen, ehe man nach Irland übersetzen kann. Ein nützlicher Ratgeber ist die Broschüre „Autofähren Großbritannien und Irland", die die Irische Fremdenverkehrszentrale kostenlos zuschickt.

Scharfe Kurven sind nicht das einzige Hindernis auf einer Fahrt durch den einsamen Norden der Grafschaft Mayo.

▶ ANREISE MIT DER BAHN

Für Reisende mit ausgeprägtem Umweltbewußtsein ist die Anreise mit der Bahn natürlich immer eine Überlegung wert. Doch muss Reisenden mit kleinem Geldbeutel und wenig Zeit von dieser Anreisemöglichkeit eher abgeraten werden. Zum einen muss man für die einfache Strecke etwa eineinhalb Tage Reisezeit in Kauf nehmen, und zum anderen muss man im Normalfall sogar mehr bezahlen, als eine Flugreise nach Irland kostet. Auskünfte zu eventuellen Sondertarifen gibt die Bahn. Sehr umständlich ist die Mitnahme eines Fahrrades. Da die Züge durch den Kanaltunnel keine Fahrräder transportieren, muss mit der Fähre nach England und Irland übergesetzt werden. Nähere Auskünfte enthält die Broschüre „Fahrrad und Bahn in Europa", die bei der Deutschen Bahn AG unter der Telefonnummer (069) 97 33 62 03 bestellt werden kann.

▶ ANREISE MIT DEM BUS

Die billigste Anreise nach Irland bietet der Bus. Von deutschen Großstädten aus wird immer zuerst London angesteuert. Dort muss man in die Busse umsteigen, die nach Irland weiterfahren. Mit einem Zeitbedarf von eineinhalb Tagen je Richtung sollte man rechnen. Vorteil der Busse ist es, dass von London aus auch Direktbusse in einige größere Städte an der irischen Westküste starten.

▶ ANREISE MIT DEM FLUGZEUG

Gerade für den Reisenden, der relativ wenig Zeit zur Verfügung hat, ist dies die beste Möglichkeit, nach Irland zu kommen. Von allen größeren Flughäfen im deutschsprachigen Raum gibt es Linien- und Charterflüge nach Dublin und zum Shannon-Airport an der irischen Westküste nahe Limerick. Die Preise variieren je nach Veranstalter und Reisezeit stark.

Interessant sind die vielen Kombinationsangebote in Verbindung mit einer Flugreise nach Irland. Recht preiswert kann man mit Hilfe dieser Sonder-, Kombi- oder IT-Flüge Übernachtungen, Leihautos, Shannon-Boote und vieles mehr zusätzlich buchen. Für den Wanderer sind besonders die günstigen Fly-&-Drive-Angebote beachtenswert.

▶ AKTIVURLAUB

Bei stürmischen Wetter bleibt der Atlantik dem Könner auf dem Surfbrett vorbehalten.

Irische Abenteuerzentren bieten neben Wandern und Klettern noch weitere Aktivitäten, wie zum Beispiel Kajakfahren, Tauchen oder Höhlenbegehungen, an. Die Broschüre „Ferien in Irland für junge Leute" enthält die Anschriften der einzelnen Abenteuerzentren und kann von der Irischen Fremdenverkehrszentrale in Frankfurt angefordert werden.

▶ APOTHEKEN

Apotheken sind am Schild „Pharmacy", „Medical Hall" oder „Chemist" zu erkennen und haben von Montag bis Samstag von 9.00 Uhr bis 18.00 Uhr geöffnet, sonntags von 11.00 Uhr bis 13.00 Uhr.

▶ ÄRZTLICHE HILFE

Allgemeinmediziner heißen „Surgery", Zahnärzte „Dentist". EU-Bürgern, die bei einer gesetzlichen Krankenkasse versichert sind, benötigen von ihrer Versicherung den Auslandskrankenschein E 111. Privatversicherte sollten sich mit ihrer Kasse in Verbindung setzen. Schweizern wird der Abschluss einer Reisekrankenversicherung geraten.

▶ AUSKUNFT

Auskünfte und umfangreiches Informationsmaterial erhält man in Deutschland, Österreich und der Schweiz unter folgenden Adressen:

Reise-Informationen von A bis Z

Irische Fremdenverkehrs-zentrale (Zentrale für alle deutschsprachigen Länder)
Untermainanlage 7
60329 Frankfurt/Main
Tel. (069) 9 23 18 50
Fax (069) 92 31 85 88
e-Mail:
info@irishtouristboard.de
Internet:
http://www.ireland-ferien.de

Irische Fremdenverkehrs-zentrale
Libellenweg 1
1140 Wien
Tel. (01) 9 14 13 51

Irland-Informationsbüro
Neumühle Töss
Neumühlestr. 42
8406 Winterthur
Tel. (0 52) 2 02 69 06

Touristeninformationsstellen in Irland:
Ca. 20 regionale Tourist Offices haben ganzjährig geöffnet, weitere 50 in kleineren Orten stehen während der Sommermonate zur Verfügung. Geöffnet sind die Tourist Offices in der Regel von Montag bis Freitag von 9.00 Uhr bis 18.00 Uhr, samstags von 9.00 Uhr bis 13.00 Uhr, in den großen Flughäfen nach Bedarf auch länger.
Zu erkennen sind die Tourist Offices an einem grünen Schild mit aufgemaltem weißem „i".

Aus gutem Grund weist diese Tafel auf die Gefahren und Verhaltensregeln in den irischen Bergen hin.

▶ AUSRÜSTUNG

Da sich das Wetter in Irland sehr schnell ändern kann, benötigt man für Wanderungen wasser- und windfeste Bekleidung. Feste, möglichst wasserabweisende Wanderschuhe helfen im Bergland sowohl über felsiges als auch durch sumpfiges Gelände. Meist bewegt man sich durch weglose Landschaften, in denen Teleskop-Wanderstöcke das Gleichgewicht unterstützen und auf morastigem Grund für zusätzlichen Auftrieb sorgen. Bei einem Nebeleinbruch kann ein Kompass unschätzbare Dienste erweisen (nie ohne Landkarte gehen!). Eine kleine Rucksackapotheke und möglicherweise ein Handy können eine Notfallsituation entschärfen.

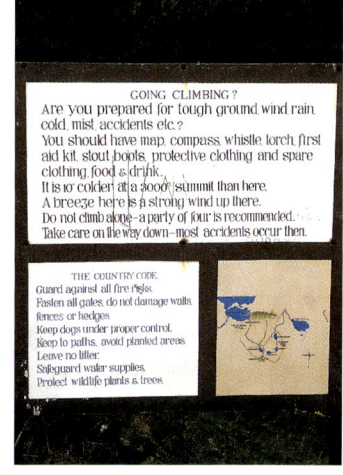

▶ AUTOHILFE

Ist in der näheren Umgebung keine Werkstatt, ist die Pannenhilfe des Irischen Automobilclubs gebührenfrei unter der Telefonnummer 18 00 66 77 88 zu erreichen. Bei Pannen mit einem Leihauto wendet man sich zuerst an die Verleihfirma.

▶ BED & BREAKFAST

Die klassische Art, in Irland zu übernachten, bieten die B&B-Häuser. Der Übernachtungspreis liegt meist zwischen 15 und 20 Pfund und beinhaltet ein stattliches Frühstück. Auch in entlegenen Gebieten muss man nicht lange suchen, um eine Privatunterkunft zu finden, die am ausgehängten B&B-Schild leicht zu erkennen ist. Ca. die Hälfte der B&B-Häuser ist bei der irischen Fremdenverkehrsorganisation Bord Failte registriert und wird auf einen gewissen Mindeststandard hin überprüft. Vorausbuchungen sind möglich, vor allem in der Hauptsaison ein großer Vorteil. Zu erkennen sind die von Bord Failte überprüften Häuser an einem Schild mit der Aufschrift „Approved" und zwei stilisierten Kleeblättern. Nur die registrierten Häuser sind im alljährlich neu erstellten B&B-Führer enthalten, der gegen Gebühr bei der Irischen Fremdenverkehrszentrale angefordert werden kann.

▶ BOOTSURLAUB

In Irland kann man den River Shannon, den Shannon-Erne Waterway und den Grand Canal auf gemieteten Kabinenkreuzern befahren. Man benötigt keinen Bootsführerschein, sollte aber 21 Jahre alt und mindestens zu zweit an Bord sein. Verschiedene Reiseveranstalter bieten Bootsferien im Rahmen einer Pauschalreise an. Nähere Informationen enthält die Broschüre „Grüne Ferienseiten", die man von der Irischen Fremdenverkehrszentrale erhält.

▶ CAMPING

In Irland gibt es derzeit ca. 130 offizielle Campingplätze. Der Standard wurde in den letzten Jahren deutlich erhöht, liegt aber noch oft unter jenem, den man aus anderen europäischen Regionen gewohnt ist. Auf vielen Plätzen prägen die „Mobil Homes" das Bild. Eine komplette Übersicht bietet das Heft „Caravan &

Camping Irland", das gegen Gebühr bei der Irischen Fremdenverkehrszentrale erhältlich ist. Anschließend eine kleine Auswahl von empfehlenswerten Campingplätzen in der Nähe einzelner Touren:

Roundwood Caravan and Camping Park, Tel. (01) 2 81 81 63 (bei Roundwood in den Wicklow Mountains nördlich von Glendalough).

Casey's Caravan and Camping Park, Tel. (058) 4 19 19 (an der irischen Südküste östlich von Dungarvan).

Eagle Point Camping, Tel. (027) 5 06 30 (im irischen Südwesten zwischen Bantry und Glengarriff).

Fossa Caravan and Camping Park, Tel. (064) 3 14 97 (westlich von Killarney).

Waterville Caravan and Camping Park, Tel. (066) 9 47 41 91 (an der Westküste der Iveragh-Halbinsel).

Anchor Caravan Park, Tel. (066) 7 13 91 57 bei Castlegregory (an der Nordküste der Dingle-Halbinsel).

Ballintaggart House Caravan and Camping Site, Tel. (066) 9 15 14 54 (in der Nähe von Dingle Town).

O'Connors Riverside Camping and Caravan Park, Tel. (065) 7 07 43 14 (in Doolin nördlich der Cliffs of Moher).

Keel Sandybanks Caravan and Camping Park, Tel. (094) 3 20 54 (bei Keel auf Achill Island).

Greenlands Caravan and Camping Park, Tel. (071) 7 71 13 oder 4 56 18 (in Rosses Point nordwestlich von Sligo).

▶ DIPLOMATISCHE VERTRETUNGEN IN IRLAND

Botschaft der Bundesrepublik Deutschland
31 Trimleston Avenue, Booterstown
Dublin Tel. (01) 2 69 30 11.

Deutsches Honorarkonsulat
Camden House, Camden Quai
Cork Tel. (021) 50 93 67.

Deutsches Honorarkonsulat
Crohane-Fossa
Killarney Tel (064) 3 26 28.

Deutsches Honorarkonsulat
Kilroe West, Inverin
Galway Tel. (091) 9 32 23.

Österreichische Botschaft
15 Ailesbury Court
91 Ailesbury Road
Dublin 4
Tel. (01) 2 69 45 77.

Schweizer Botschaft
6 Ailesbury Road, Ballsbridge
Dublin 4 Tel. (01) 2 69 25 15.

Pullover mit traditionellen Aran-Mustern gehören zu den beliebtesten Mitbringseln aus Irland.

▶ EINKAUFEN UND SOUVENIRS

Beste Anlaufstellen für den Erwerb von Mitbringseln sind die Craft Shops, in denen nur Handwerksprodukte verkauft werden. Besonders beliebt sind die Aran-Pullover, die heute nicht mehr nur auf den Aran-Inseln gestrickt werden. Erzeugnisse aus irischem Leinen, von Handwerkern hergestellte Töpferwaren, nach alten irischen Motiven gefertigter Schmuck oder traditionelle Musikinstrumente ergänzen das Angebot. Ein typisches irisches Erzeugnis sind die Kleidungsstücke aus Tweed, einem langlebigen Wollstoff. Für den kleinen Geldbeutel eignen sich T-Shirts, die mit alten keltischen Motiven bedruckt sind.

▶ ESSEN UND TRINKEN

Das Frühstück ist eine der beiden Hauptmahlzeiten in Irland. Ein „Full Irish Breakfast" besteht aus mehreren Gängen, Hauptgericht sind meist Eier mit Schinken, Würstchen und gebratenen Tomaten.

Nach dem reichlichen Frühstück ist das Mittagessen (lunch) eher eine kleine Zwischenmahlzeit. Wer dennoch hungrig ist, der erhält in den meisten Restaurants im Vergleich zum Dinner deutlich preisreduzierte Mahlzeiten.

Nachmittags gegen 16 Uhr ist „Tea Time". Man trinkt seinen Tee, zu dem Gebäck gereicht wird. Die Iren sind noch vor den Engländern Weltmeister im Teeverbrauch.

Das Abendessen (dinner) ist neben dem Frühstück die zweite Hauptmahlzeit. Es besteht aus mehreren Gängen, zu denen bevorzugt Wein getrunken wird, da die meisten Restaurants keine Ausschanklizenz für Bier haben.

Drei Getränke sind für Irland typisch. Tee wird den ganzen Tag über, bevorzugt mit Milch, getrunken. Bier ist in verschiedenen Sorten erhältlich. Die Auswahl reicht vom dunklen Stout (z.B. das berühmte Guinness) bis zum pilsähnlichen Lager. Irischer Whiskey unterscheidet sich nicht nur in der Schreibweise von seinen schottischen und amerikanischen Konkurrenten, sondern sein Geschmack ist milder.

▶ FAHRRAD

Eine gute Alternative zum Auto ist ein Fahrrad. Nur selten sind große Höhenunterschiede zu überwinden, und an den ständig wehenden Wind hat man sich bald gewöhnt. Allerdings sollte man sich mit einem guten Regenschutz ausrüsten. Für diejenigen, die kein Fahrrad von zu Hause mitgebracht haben, bieten in vielen Orten Verleiher ihre Fahrräder an, die man tage- oder wochenweise mieten kann.

Das größte Verleihnetz bietet:
Raleigh Rent-a-Bike
Raleigh House,
Kylemore Road
Dublin 10
Tel. (01) 6 26 13 33.
Die Firma Bike Store bietet die bequeme Möglichkeit, gegen einen geringen Aufschlag die Räder in einer beliebigen Niederlassung wieder zurückzugeben.
The Bike Store
58 Lower Gardiner Street
Dublin 1
Tel. (01) 8 72 59 31.

Eine gute Ausrüstung ist Voraussetzung für genussvolle Radtouren durch Irland.

▶ FESTE UND FEIERTAGE

Gesetzliche Feiertage in Irland sind: Neujahrstag (1. Januar); St. Patrick's Day (17. März); Karfreitag und Ostermontag; Tag der Arbeit (1. Mai); Bank Holydays (erster Montag im Juni, letzter Montag im August und letzter Montag im Oktober); Weihnachten (25. und 26. Dezember).

Fällt einer der Feiertage auf einen Sonntag, ist der folgende Montag frei.

Einen vollständigen Veranstaltungskalender erhält man bei der Irischen Fremdenverkehrszentrale.

▶ FILMMATERIAL

Filme aller Art sind in Irland bedeutend teurer als in Deutschland. Man sollte sich daher vor Antritt der Reise mit genügend Filmmaterial eindecken.

▶ FOREST PARKS

Über ganz Irland verstreut befinden sich hunderte sogenannter Forest Parks, die durch kurze, ausgeschilderte Rundwanderungen erschlossen sind.

Vor allem mit Kindern bieten die schattigen Waldwege und Picknick-Plätze eine hervorragende Alternative zu längeren und schwierigeren Unternehmungen. Die Gratisbroschüre „The Open Forest", die in den größeren TI-Offices in Irland zu bekommen ist, enthält die Liste der Forest Parks.

▶ GEALTACHT

In einigen Gebieten vor allem im Westen der Insel dient bis heute das alte Gälisch als Umgangssprache. Diese Regionen nennt man Gealtacht. Gälisch wurde über Jahrhunderte von den Engländern unterdrückt, wird jedoch seit der irischen Unabhängigkeit besonders gefördert und ist neben Englisch die zweite offizielle Landessprache.

▶ GELD

Die Währungseinheit der Republik Irland ist das Irish Punt (Pfund; Febr. 2000: 100 DM = 40 Punts), das in 100 Pence (Einzahl Penny) unterteilt ist. In Nordirland wird mit dem Pfund Sterling gezahlt, dessen Wert dem des englischen Pfundes entspricht.

Euroschecks können derzeit bis zu einer Höhe von 140 irischen Pfund ausgestellt werden. An vielen Bankautomaten kann mit der Euroscheckkarte ebenfalls bis zu einem Betrag von 140 irischen Pfund abgehoben werden.

Kreditkarten, bevorzugt Visa und Master-/Eurocard, werden in Irland von vielen Geschäften, Restaurants und Beherbergungsbetrieben akzeptiert. In vielen Banken erhält man mit den gängigen Kreditkarten Bargeld.

▶ HOTELS UND GUESTHOUSES

Riesige Bettenburgen wird man in Irland vergeblich suchen. Für Übernachtungsmöglichkeiten in Häusern aller Kategorien ist dennoch ausreichend gesorgt. Wer es sich leisten kann, dem steht eine große Auswahl an Hotels zur Verfügung. Die Palette reicht vom luxuriösen Schlosshotel bis zu einfachen, kleinen Familienbetrieben. Je nach Saison und Kategorie der Häuser liegen die Preise pro Person zwischen ca. 35 und 150 Pfund. Guesthouses erreichen meist den Standard kleinerer Hotels, die Preise inklusive Frühstück sind aber im Normalfall niedriger (ab ca. 25 Pfund).

Hotels sind je nach Ausstattung in Kategorien von einem (einfach) bis fünf (Luxus) Sterne eingeteilt, Guesthouses in Kategorien von einem bis vier Sterne.

Ob in traditionsreichen Häusern oder in neueren Hotels, die Auswahl an Übernachtungsmöglichkeiten wächst von Jahr zu Jahr.

Anschließend eine kleine Auswahl von Hotels und Guesthouses mit Preisangaben für eine Übernachtung mit Frühstück pro Person:

Dublin 1, Guesthouse Othello House ++, 74 Lower Gardiner Street, Tel. (01) 8 55 42 71 (ca. 30 Pfund, gut geführt und sehr zentral gelegen).

Dublin 2, Temple Bar Hotel ***, Fleet Street, Tel. (01) 6 77 33 33 (55–95 Pfund, großes Haus mitten im In-Viertel Temple Bar).

Glendalough, Glendalough Hotel ***, Tel. (0404) 4 51 35 (30-50 Pfund, Anfang des 19. Jahrhunderts neben den Klosterruinen von Glendalough erbautes Hotel).

Bantry, Bantry Bay Hotel **, Wolfe Tone Square, Tel (027) 5 00 62 (ca. 30 Pfund, ehrwürdiges Haus im Ortszentrum).

Kenmare, Guesthouse Foley's Shamrock ***, Henry Street, Tel. (064) 4 21 62 (18 – 25 Pfund, im Ortszentrum mit gutem Restaurant)

Killarney, Lake Hotel ***, Muckross Road, Tel. (064) 3 10 35 (33 – 50 Pfund, großes, 1820 am Ufer des Lough Leane erbautes Hotel).

Dingle, Benner's Hotel ***, Main Street, Tel. (066) 9 15 16 38 (30 – 60 Pfund, 250 Jahre altes Hotel im Herzen der Stadt).

Lisdoonvarna, Ballinalacken Castle Hotel ***, Tel. (065) 7 07 40 25 (30 – 40 Pfund, in herrlicher Lage an der Küstenstraße zwischen den Cliffs of Moher und den Burren).

Clifden, Abbeyglen Castle Hotel ****, Tel. (095) 2 12 01 (52 – 65 Pfund, luxuriöses Schlosshotel in herrlicher Lage außerhalb der Stadt).

Westport, Clew Bay Hotel **, James Street, Tel (098) 2 80 88 (32 – 40 Pfund, im lebhaften Stadtzentrum mit traditioneller Musik im zugehörigen Pub).

Collooney, Markree Castle ***, Tel. (071) 6 78 00 (52 – 58 Pfund, zehn Kilometer südlich von Sligo gelegenes Schlosshotel).

▶ INTERNETADRESSEN

Informationen über Irland im Internet:
  http://www.irland-ferien.de
  http://www.irland-urlaub.de
  http://www.ireland.travel.ie
Übernachtungsinformation und Buchung:
  http://www.visit.ie/hpg-dbln.htm

Die unzähligen Hostels bieten preiswerte Übernachtungen und einen idealen Treffpunkt für junge Leute.

▶ JUGENDHERBERGEN UND HOSTELS

Ca. 300 Jugendherbergen bzw. Hostels stehen dem Reisenden zur Verfügung. Der offizielle irische Jugendherbergsverband heißt An Oige. Die Häuser von An Oige liegen meist recht einsam, man benötigt einen Jugendherbergsausweis, und die täglichen Öffnungszeiten sind streng reglementiert. Neben den offiziellen Jugendherbergen gibt es drei private Hostelverbände. Für sie braucht man keinen Jugendherbergsausweis, und die Atmosphäre in diesen Häusern ist lockerer. Die Celtic Budget Hostels, die sich besonders für Gruppen eignen, und die IHH-Hostels (Independent Holiday Hostels) arbeiten mit dem irischen Fremdenverkehrsverband Bord Fáilte zusammen und werden regelmäßig überprüft. Die IHO-Hostels und die Hostels, die keinem Verband angehören, bieten im Schnitt einen niedrigeren Standard. Eine Zusammenstellung der Herbergen von An Oige, Budget und IHH und Anschriften der jeweiligen Verbände enthält die Broschüre „Ferien in Irland für Junge Leute", die man bei der Irischen Fremdenverkehrszentrale anfordern kann.

▶ LANDKARTEN

Die beste Kartengrundlage für die Planung und Durchführung von Wanderungen in Irland sind die modernen Karten der Discovery Series im Maßstab 1:50 000, die in den letzten Jahren vom irischen Vermessungsamt Ordnance Survey (OS) herausgegeben wurden. Zu beachten ist, dass die Schreibweisen von irischen Ortsnamen in Karten und Büchern unterschiedlicher Verlage differieren können. Für dieses Buch wurden die in den Karten der Discovery Series verzeichneten Schreibweisen verwendet.

▶ NATIONALPARKS

Alle drei irischen Nationalparks liegen im westlichen Teil der Insel. Ihre Aufgabe besteht sowohl in der Erhaltung der Natur als auch darin, den Besucher zu informieren und ihm das Erleben dieser Landschaften zu ermöglichen.

Killarney National Park

Dieser Park ist der älteste der irischen Nationalparks. Gelegen im Südwesten der Insel, im County Kerry, schließt er sowohl Seen ein, die von nahezu tropischer Vegetation umgeben sind, als auch karge Gebirgszüge, die mit Mooren und Heidekraut überzogen sind. Steile Felswände und einer der letzten Eichenwälder in Irland tragen das ihre zu den ständig wechselnden Landschaftseindrücken bei.

Connemara National Park

Im Westen der Insel bildet das wilde, einsame Bergland von Connemara den nordwestlichen Teil der County Galway. Hier zieht der kleine Connemara National Park vom Ort Letterfrack, der auf Meeresniveau liegt, hinauf zu den Quarzitkegeln der Twelve Bens. Moore, über die die widerstandsfähigen Connemarapferde galoppieren, prägen das Bild. Das Nationalparkzentrum in Letterfrack bietet eine Vielzahl von Informationsveranstaltungen zur Landschaft und zur Besiedlungsgeschichte von Connemara an.

Glenveagh National Park

Im Nordwesten Irlands, in den wilden Bergen des County Donegal, liegt der Glenveagh National Park. Um ein von eiszeitlichen Gletschern ausgehobeltes Tal, in dem ein tiefblauer See liegt, erstreckt sich dieser Nationalpark. Über die steilen, moorüberzogenen Granitberge zu beiden Seiten des Tales streifen Rotwildrudel.

Am Eingang zum Tal erhält man im Nationalparkzentrum Informationen, und hier starten auch die Kleinbusse, die die Besucher kostenlos zum Glenveagh Castle bringen, das im Herzen des Nationalparks den See überragt.

▶ NOTRUF

Notrufe unter 999 oder 112 kostenlos von jeder Telefonzelle; die Vermittlung leitet zur gewünschten Dienststelle weiter (für Polizei, Notarzt, Feuerwehr, Wasser- oder Küstenwacht sowie Bergrettung).

Wer in Irland Hilfe sucht, wendet sich an die erfahrungsgemäß freundliche Polizei, die hier Garda heißt.

▶ ÖFFENTLICHE VERKEHRSMITTEL

Zwischen nahezu allen größeren Ortschaften in Irland besteht ein gut ausgebautes öffentliches Verkehrsnetz. Oftmals kann man zwischen Bahn und Bussen wählen. Die Situation ändert sich jedoch abseits dieses Netzes schlagartig. Gerade in den einsamen Berg- und Küstenregionen, den interessantesten Gebieten für den Wanderer, wird das Reisen mit öffentlichen Verkehrsmitteln zu einer harten Geduldsprobe. Busse verkehren – wenn überhaupt – nur in relativ großen zeitlichen Abständen.

Die staatliche Gesellschaft Bus Eireann unterhält das größte Busliniennetz in Irland.

▶ ÖFFNUNGSZEITEN

Geschäftszeiten: In den größeren Städten haben die Geschäfte in der Regel von 9.00 Uhr bis 17.30 Uhr geöffnet. In Dublin gibt es aber auch Läden, in denen man rund um die Uhr einkaufen kann, und viele kleinere Lebensmittelgeschäfte, die verlängerte Öffnungszeiten bis spät in die Nacht haben. Einkaufszentren sind donnerstags und freitags bis 21.00 Uhr geöffnet.

Post: Schalterstunden sind zwischen 9.00 Uhr und 18.00 Uhr. In kleineren Postämtern muss man häufig mit einer Mittagspause rechnen. Samstags ist von 9.00 Uhr bis 12.00 Uhr geöffnet.

Banken: Schalterstunden sind unter der Woche von 10.00 Uhr bis 12.30 Uhr und von 13.30 Uhr bis 15.00 Uhr. In Dublin haben die Banken donnerstags meist bis 17.00 Uhr geöffnet.

Mit der Euroscheckkarte können Schecks in Bargeld umgewechselt werden. Reiseschecks werden in allen Banken, Wechselstuben und in vielen Hotels angenommen. Die gängigsten Kreditkarten sind Master-/Eurocard und Visa sowie American Express und Diner's Club.

▶ RESTAURANTS

In den letzten Jahren hat sich der Standard in der irischen Gastronomie deutlich erhöht. Die Tendenz geht weg von den englischen Vorbildern, die bis heute die irische Küche beeinflussen. Mehr und mehr findet man kontinental, meist französisch beeinflusste Speiselokale, und die früher vernachlässigten Fische und Meeresfrüchte gewinnen an Bedeutung. Restaurantbesuche sind in Irland ein relativ teures Vergnügen. Für ein abendliches Dinner-Menü muss man meist um die 20 Pfund veranschlagen, während viele Restaurants ihre Speisen mittags zu einem reduzierten Preis anbieten. Als preiswerte Alternative werden in vielen Pubs mittags kleine Zwischenmahlzeiten (pub grub) und abends verschiedene Tellergerichte (barmeal) angeboten.

Nachfolgend eine kleine Auswahl empfehlenswerter Restaurants:

Kenmare, Foley's, Tel. (064) 4 15 08 (schmackhafte Fleisch- und Fischgerichte).

Dingle, Doyle's Seafood Bar, Tel. (066) 5 11 74 (ausgezeichnetes Fischrestaurant).

Doolin, Bruach na h'Aille, Tel. (065) 7 41 20 (feine Fleischgerichte und Meeresfrüchte). Inishmore-Kilronan, Dun Aonghasa, Tel. (099) 6 11 04 (vor allem Fisch und Meeresfrüchte).

Galway, McDonagh's Seafood Bar, 22 Quay Street, Tel. (091) 65 50 01 (auch bei Einheimischen beliebtes Fischlokal).

Clifden, D'Arcy's Inn, Tel. (095) 2 11 46 (breite Auswahl

Restaurantbesuche in Irland sind zwar kein billiges, aber ein zunehmend erfreuliches Erlebnis.

an Fleisch- und Fischgerichten).
Westport, Quay Cottage, Tel. (098) 2 64 12 (am Eingang zum Westport Park, vor allem Fischspezialitäten und vegetarische Gerichte).
Keel, The Chalet, Tel. (098) 4 31 57 (bekanntes Fischrestaurant auf Achill Island).
Sligo, Truffles, 11 The Mall, Tel. (071) 4 42 26 (hervorragende Käsegerichte, Pizzen und Vollwertkost).
Donegal (Stadt), The Diamond im Highland Central Hotel, The Diamond, Tel. (073) 2 10 27 (hervorragendes Restaurant und preisgekrönte Barmeals).

▶ SPRACHE

In Irland gibt es zwei offizielle Landessprachen, Englisch und Gälisch. Nur noch für ca. 50 000 Iren, die in den sogenannten Gaeltacht-Gebieten leben, ist Gälisch die Muttersprache. Aber selbst hier wird auch Englisch gesprochen, und man kann sich problemlos verständlich machen. Während man in den übrigen Regionen meist englische Aufschriften auf den Wegweisern findet, können die rein gälischen Namen auf den Schildern in den Gaeltacht-Gebieten die Wegsuche erschweren.

▶ STRASSE UND VERKEHR

Ein eigenes Fahrzeug kann während einer Irlandreise eine Menge Zeit und Ärger ersparen. In Irland herrscht Linksverkehr. Ist man mit dem Auto oder Motorrad unterwegs, muss man sich nicht nur wegen des Linksverkehrs umstellen. Die engen Straßen, an deren Rändern Steinmauern und Hecken entlanglaufen, fordern eine langsame Fahrweise.

Die Höchstgeschwindigkeit beträgt in geschlossenen Ortschaften 30 Meilen (48 km/h) bzw. 40 Meilen (64 km/h) und auf Landstraßen 60 Meilen (96 km/h). Für Fahrer und Beifahrer gilt Anschnallpflicht!

▶ TANKEN

Irland bietet ein dichtes Netz an Tankstellen, das auch eine einwandfreie Versorgung mit bleifreiem Kraftstoff sicherstellt. Die Preise deutlich über denen in Deutschland.

▶ TELEFON

Das Telefonsystem untersteht der staatlichen Gesellschaft Telecom Eirann, die eines der modernsten Telefonnetze in Europa aufgebaut hat. Am angenehmsten lassen sich Gespräche aus der Telefonzelle mit Telefonkarten führen, die man in vielen Geschäften und in den Postämtern erwerben kann. Für Auslandsgespräche wählt man nach Deutschland: Vorwahl 00 49, anschließend die Ortsnummer ohne die 0; nach Österreich: 00 43; in die Schweiz: 00 41. Vorwahl von den drei genannten Ländern nach Irland: 00353.

Mit dem Handy hat man meist – selbst in entlegenen Gebieten im Westen der Insel – gute Empfangsbedingungen.

▶ WANDERFERIENVERANSTALTER

Verzeichnisse der deutschen, österreichischen und Schweizer Veranstalter von Wanderferien enthält die Broschüren „Grüne Ferienseiten", die getrennt nach Nationalität der Veranstalter von der Irischen Fremdenverkehrszentrale zu beziehen sind.

WEITWANDERWEGE

Irland bietet ein großzügiges Netz markierter Weitwanderwege, auf denen man alle Landesteile erforschen kann. Bisher sind 28 Weitwanderwege mit einer Gesamtlänge von nahezu 3000 Kilometern ausgewiesen. Bei der Vorbereitung einer Tour sollte man sich darauf einstellen, dass man häufig auf sehr unterschiedliche Bedingungen stößt. Einem Wegabschnitt auf einer geteerten Straße kann, besonders in gebirgigen Gegenden, ein Marsch querfeldein durch sumpfiges Gelände folgen.

Orientierungsprobleme treten auf den Weitwanderwegen nicht auf, da sie durchgehend mit dunklen Markierungspfosten gekennzeichnet sind, auf denen gelbe Pfeile oder stilisierte Wanderer die Richtung anzeigen.

Eine Übersicht über die Weitwanderwege in Irland gibt die Broschüre „Walking Ireland", die man bei der Irischen Fremdenverkehrszentrale anfordern kann.

ZEIT

In Irland gilt die westeuropäische Zeit (Greenwich Mean Time). Die Sommerzeit in Irland beginnt und endet gleichzeitig mit der Sommerzeit in Mitteleuropa. So gehen im Vergleich zu Mitteleuropa das ganze Jahr über die Uhren in Irland um eine Stunde nach.

ZEITSCHRIFT FÜR IRLANDFREUNDE

Irland Journal
Dorfstr. 70
47447 Moers
Tel. (0 28 41) 3 18 63.

Wer möchte schon die berauschend schöne Westspitze der Beara-Halbinsel verlassen, um nach New York oder Moskau zu reisen?

REGISTER

Kursive Seitenzahlen verweisen auf Abbildungen.

Achill Head 78
Achill Island 78-79, 94-96, 109; *2, 79, 94, 95*
Achill Sound 94, 95
Adgroom 98
Adrigole 97
Aghadoe 138
Aghaglinny South 62
Ailwee Cave 105
Allachoastia 90
Allihies 98, 108
Aran Islands 64, 109, 131; *66, 67*
Arts Lough 27, 26
Avonbeg River 26, 29

Balliskelligs 135, 141
Ballynacallagh 38, 39
Ballynahinch Castle 70
Ballyvaghan 105
Bantry 35; *146/147*
Barley Lake 34, 35, 129; *35*
Beara-Halbinsel 34-39, 96-99, 107, 124, 129; *35, 37, 38, 97*
Beara-Way 37, 97, 108; *20/21*
Bear Island 108
Beenacouma 55
Benbulbin 82-83, 120; *82*
Benwee Head 80-81
Binn idir an Da Log 68-69
Black Head 60, 105
Blasket-Inseln 54, 55, 99-100, 118; *4/5, 54, 99*
Boyne-Valley 14
Brandon Mountain 50-53, 55, 100-101, 118, 119; *51, 53*
Bunglass 84, 85
Burren 12, 60-63, 102-106; *60, 63, 102, 103, 105*
Burren Way 63

Caherconree 48, 49, 107; *49*
Caherconree Fort 48, 49, 106-107, 117
Caherdaniel 135
Caher River 63
Cahersiveen 44, 46, 135
Carrauntoohil 42-43; *42*
Carrickkildavnet Castle 95
Carrowmore 144
Cashel 113
Castlegregory 119
Castletownbere 97, 107-108; *108*
Cathair Dhuin Irghius 61; *60*
Cill Mhuirbhigh 66, 133
Clare Island 76-77, 109; *77*
Cleggan 113, 114
Clew Bay 74, 77, 109, 116, 144; *115*
Clifden 113, 112
Cliffs of Moher 15, 56-59, 110-111; *57, 58, 110, 111*
Clohernagh 29
Comeragh Mountains 30, 31; *31*
Connemara 15, 68-71, 111-115; *69, 71*
Connemara-Nationalpark 113, 160
Connor-Pass 119
Coomacarrea 45
Coomacullen Lake 45
Coomasaharn Lake 44, 45
Coomreagh 45
Cork 16
Coumshingaun Lake 31; *31*
Croaghaun 78, 79; *79*
Croagh Patrick 74-75, 115-116; *75, 115*
Crockrawer 85
Crossterry Mountain 34
Curryglass 37

Derreen Gardens 98
Derrybawn Mountain 25
Derryclare 70-71; *71*
Derrymore Glen 49; *49*
Derrynane National Historic Park 135
Devil's Ladder 43
Devil's Punch Bowle 41, 138
Dingle-Halbinsel 15, 48-55, 99-101, 106, 117-119; *49, 51, 53, 54, 99, 117, 118*
Dingle 117, 119; *19*
Djouce Mountain 22, 23, 140
Dobhach Bhrainin 62
Donegal 15, 84-91, 126, 130, 142; *16, 85, 86, 89, 91, 127, 130, 148*
Dooagh 95; *95*
Doogort 95
Doolin 59
Drumcliff 119-120; *120*
Dublin 15, 16, 17, 22, 120-123, 140; *122, 123*
Dun Aengus Fort 66, 132; *67*
Dunbeg Fort 106, 117; *117*
Dunboy Castle 108
Dunquin 100, 118
Dursey Head 39, 124; *20/21*
Dursey Island 38-39, 98, 124-125; *20/21, 38*
Dysert O'Dea 104; *14, 103, 105*

Eagle's Nest 85
Enniskerry 23, 140
Errigal Mountain 88-89; *89*
Eyeries 98

Faha 50
Fanore 60, 63, 105
Farscallop 91
Fauscoum 31

Gallarus Oratory 118; *118*
Galtybeg 33
Galtymore Mountain 32-33; *32*
Galway 111, 125-126; *125*
Gap of Dunloe 139
Garnish Island 130
Gartan Lake 131
Glanmore Lake 98
Glas Lough 37
Glenbeigh 44, 136
Glencar 43
Glencoaghan 70
Glencolumbkille 86, 87, 126-127; *7, 127*
Glendalough 15, 24, 25, 127-129; *25, 128*
Glengarriff 34, 97, 129-130; *6, 129*

Glen Head 87; *1, 86*
Glenmalur 26, 29; *26*
Glenveagh Castle 90, 91, 131; *130*
Glenveagh-Nationalpark 90-91, 130-131, 160; *91, 130*
Gort na gCapall 67

Hag's Glen 42
Hag's Head 59, 110, 111; *58*
Healy Pass 97
Hungry Hill 36-37, 97; *37*

Inagh Valley 68, 114
Inch 117
Inishbofin 114
Inishmore 15, 64-67, 131-134; *66, 67*
Inishmore Way 64
Iveragh-Halbinsel 44-47, 134-136, 141; *45, 47, 134*

Keel 95; *2*
Keel Lough 95; *94*
Keem Bay 78, 79, 96
Kenmare 134
Kerry Way 134
Kilfenora 103, 104; *102*
Killary Bay Little 73
Killary Harbour 72-73, 111, 114; *72/73*
Killeany 134
Killarney 15, 40, 41, 134, 136-139; *40, 136, 138*
Killarney National Park 137, 138, 160; *40*
Killinaboy 104
Killorglin 135, 136
Kilmalkedar 119
Kilmichael 38
Kilronan 64, 67, 131, 132, 133
Kings Mountain 83
Kinnaveagh 91
Kinsale 16
Knockaunapeebra 30
Knockmore 76, 77; *77*
Knocknadobar 46-47, 135; *47*
Knocknarea 144
Kylemore Abbey 114; *114*

Ladie's View 138
Lauragh 98

Leamaneh Castle 104
Letterfrack 113
Limerick 16
Lisdoonvarna 104, 105
Lop Rock 70
Lough Beagh 90, 91, 130; *91, 130*
Lough Callee 42
Lough Dineen 33
Lough Gill 144; *92/93*
Lough Gourah 43
Lough Inagh 68
Lough Leane 137; *40, 136*
Lough Mham Ochoige 69; *69*
Lough Tay 22; *22*
Louisburgh 109
Lugnaquillia 26-29

MacGillycuddy's Reeks 42, 134, 138
Mahon-Wasserfall 30
Malin Beg 127
Malin More 127
Mangerton Mountain 40, 41, 138; *40*
Maumturk Mountains 68-69, 112, 114, 69
Mitchelstown Cave 33
Mount Eagle 54-55, 117
Muckross Friary 137
Muckross House 137
Muckross Lake 137
Mullacor 25
Murrisk 74, 116
Mweelin 95

Newton Castle 105

O'Brien's Tower 56, 111
Omey Island 113

Parkes Castle 144, 92/93
Port 86, 87, 127
Portacloy 80, 81; *80*
Portmagee 135, 141
Poulnabrone-Dolmen 102, 106; *8/9*
Powerscourt 22, 23, 140; *140*
Powerscourt-Wasserfall 140
Puxley's Castle 108

Rathdrum 29
Reask 118

Ring of Beara 97
Ring of Kerry 44, 46, 134
Rosroe 72, 73
Ross Castle 137; *136*
Roundstone 112, 113

Skellig-Inseln 15, 47, 53, 54, 118, 141-142
Skellig-Ring 135
Slea Head 54, 118; *54, 99*
Slieve Elva 63
Slieve League 84-85, 142; *85*
Slieve Mish Mountains 48, 106; *49*
Slievemore 94; *94*
Sligo 82, 119, 143-144; *18, 143*
Smerwick Harbour 119
Sneem 135
Spink 25
Staigue Fort 135; *134*
Stags of Broad Haven 81
Sturrall 87
Sybil Point 118

Teermoyle Mountain 45
The Bull 38, 124; *20/21*
The Calf 38, 124; *20/21*
The Cow 38, 124; *20/21*
Theebaun 83
Tilickafinna 38, 39
Torc-Wasserfall 138
Twelve Bens 70-71, 112, 114; *71*

Valentia Island 135, 141
Ventry Harbour 117

Waterville 135, 141
Westport 115, 144-145; *145*
White Hill 23
Wicklow Way 23

DER AUTOR

Bernhard Irlinger, geboren 1959 in Berchtesgaden, arbeitete nach einem Studium der Geographie als freier Journalist unter anderem für die Bergsteigerredaktion des Bayerischen Rundfunks. Neben der sportlichen Betätigung in freier Natur gilt sein Interesse den kulturellen Aspekten der bereisten Gebiete. Bei Bruckmann erschienen von ihm zuletzt „Radtouren in Irland", „Radtouren in der Toskana" und in der Reihe Wandern & Erleben die Bände „Allgäu" und „Schwarzwald".

Eine Produktion des **Bruckmann**-Teams, München
Lektorat: Walter Theil, Georg Steinbichler

Kartographie: Elsner & Schichor, Karlsruhe.

Titelfoto: Steilküste bei Mohah (Foto: IFA-Bilderteam/Harris)
Umschlagrückseite: Ländliche Szene in Killarney (Foto: Bernhard Irlinger)
Alle Fotos im Innenteil von Bernhard Irlinger

Alle Angaben dieses Werkes wurden vom Autor sorgfältig recherchiert und auf den aktuellen Stand gebracht sowie vom Verlag auf Stimmigkeit geprüft. Für die Richtigkeit der Angaben kann jedoch keine Haftung übernommen werden. Für Hinweise und Anregungen sind wir jederzeit dankbar.
Bitte richten Sie diese an den Bruckmann Verlag GmbH, Lektorat, Nymphenburger Str 86, 80636 München.

Gedruckt auf chlorfrei gebleichtem Papier

Die Deutsche Bibliothek - CIP-Einheitsaufnahme

Ein Titeldatensatz für diese Publikation ist bei
Der Deutschen Bibliothek erhältlich

Gesamtverzeichnis gratis:
Bruckmann Verlag Nymphenburger Str. 86, 80636 München
Internet: www.bruckmann.de

© 2000 Bruckmann Verlag GmbH, München
Alle Rechte vorbehalten.
Printed in Italy by Printer Trento s.r.l.
ISBN 3-7654-3515-5